U0108106

后汉书诵读本

「中华诵·经典诵读行动」读本编委会 编

李永祥 注释

中华书局

图书在版编目(CIP)数据

后汉书诵读本 / 李永祥注释;"中华诵·经典诵读行动"读本编委会编.—北京:中华书局,2013.5
("中华诵·经典诵读行动"读本系列)
ISBN 978 – 7 – 101 – 08920 – 2

Ⅰ.后… Ⅱ.①李… ②中… Ⅲ.中国历史—东汉时代—纪传体—通俗读物 Ⅳ.K234.204.2-49

中国版本图书馆 CIP 数据核字(2012)第 225173 号

书　　名	后汉书诵读本	
编　　者	"中华诵·经典诵读行动"读本编委会	
注　　释	李永祥	
丛 书 名	"中华诵·经典诵读行动"读本系列	
责任编辑	祝安顺	
出版发行	中华书局	
	(北京市丰台区太平桥西里 38 号 100073)	
	http://www.zhbc.com.cn	
	E-mail:zhbc@zhbc.com.cn	
印　　刷	北京天来印务有限公司	
版　　次	2013 年 5 月北京第 1 版	
	2013 年 5 月北京第 1 次印刷	
规　　格	开本 /787×1092 毫米　1/16	
	印张 10¼　插页 2　字数 79 千字	
印　　数	1–5000 册	
国际书号	ISBN 978 – 7 – 101 – 08920 – 2	
定　　价	21.00 元	

出版说明

　　读经典的书，做有根的人。雅言传承文明，经典浸润人生。诵读中华经典，是四至十二岁学生学习中华传统文化的有效方式，也是中央文明办、教育部、国家语委主办的"中华诵·经典诵读行动"大力推动的一项校园文化建设活动。

　　四至十二岁是人生的黄金时期，也是人生记忆的黄金阶段，这个时期诵读一定量的中华经典，不仅有助于锻炼、提高记忆力，提升学生的语文素养，学习做人、做事的基本常识，更有助于提高学生的思维水平。

　　为了满足广大学生、家长和教师诵读中华经典的学习需求，我们组织相关专家、学者和一线教师，编辑出版了这套"中华诵·经典诵读行动"读本。本系列图书有下述基本特点：

　　一、内容系统全面。

　　本系列图书选取蒙学经典、儒家经典、诸子百家、历史名著、经典诗文等三十八种，分四辑出版。有些经典内容过多，我们选择那些流传较广、思想深刻的篇章编成选本；有些诗文，则根据学生的学习需要进行了汇编。

　　二、导读言简意赅，诵读专业科学。

　　每本图书的正文前都有"内容导读"和"诵读指导"。"内容导读"包括对经典的成书过程、作者和作品思想等方面的综述，"诵读指导"则请播音专业的专家从朗诵角度对每本书诵读时的语气、重点和感情变化等进行指导。

　　三、底本权威，大字拼音，注释实用。

　　底本采用权威的通行本，正文原文采用三号楷体大字，符合学生阅读习惯，保护学生视力；字上用现代汉语拼音注音，拼音的标注以《汉语大字典》注音为准，在语流中发生变调的，一律标注本来的声调；页下附有难字、难词、难句注释，注释尽量参照最新研究成果，语言简洁通俗，表述精准易懂。

四、备有诵读示范音频资料，提供免费下载。

部分图书备有由专业播音员、主持人和配音演员诵读的全本或选本的示范音频资料；条件成熟时，我们会提供一线教师的部分篇章的吟诵音频资料，供家长和教师、学生借鉴学习。鉴于光盘在运输途中容易发生损坏，我们仅提供网上免费下载诵读音频的服务。如需要图书音频资料，请购书读者将个人姓名、手机号、邮箱、所购书目、购书地点等信息发送至 songduben@126.com ，即可获得该图书音频的下载网址。

关于本系列图书的使用，我们的建议和体会是：小切入，长坚持，先熟诵，后理解，家校共读出成效。

首先，家长、教师要了解经典著作的原文大意、难点注解，其中的名言警句或典故也要事先知晓大概，以便在孩子问询时能够予以帮助。

其次，家长、教师每日选择百字左右的诵读内容，带领孩子反复诵读。次日复读昨日内容，然后再开始新的内容，在学习新知识时不断温故，巩固熟读效果。

第三，在诵读时可采取听我读、跟我读、慢慢读、快快读、接力读等多种诵读形式，让孩子在集体的氛围中感受到学习的乐趣。

第四，教师或家长可将诵读内容做成卡片或活页，以便携带，随时复习，随时巩固。

第五，家校联手，逐次做好孩子的诵读记录。记录卡可以有诵读篇目、开始的时间、熟读的次数，还可以附上自我评价分数，家长、教师评价分数，读伴评价分数，调动一切因素激励学生熟读成诵。

本系列图书，从经典著作版本的选择到文本注音、注释的审定，都力求做到精准，但错误之处在所难免，请专家和读者批评指正。

中华书局编辑部

2013 年 4 月

目　录

内容导读

《后汉书》中的史学思想与选文原则

李永祥

《后汉书》作者范晔(398—445),字蔚宗,南朝宋顺阳(今河南淅川)人。范晔出身儒学世家,书香的熏染,为他写作《后汉书》营造了良好的氛围。宋代晋后,迁为吏部尚书郎,后被贬为宣城太守。元嘉二十二年(445),有人告发他与孔熙先谋立刘义康为帝,下狱死。《后汉书》是范晔在宣城太守任上编撰的。

通行的《后汉书》有十纪、八志、八十列传,计一百二十卷。范晔写完十纪、八十列传后,拟作十志,未成,遇害。梁朝刘昭为《后汉书》作注时,将晋人司马彪所著八志续上,以补其缺。十纪记载后汉十二位皇帝及十七位皇后的事迹。八志有律历、礼仪、祭祀、天文、五行、郡国、百官、舆服等志,因循前史而已。八十列传记载王侯、三公九卿、地方官吏和宦官、逸民及女子的事迹。范晔挥动如椽大笔,倾尽心力,勾画了一个个鲜活的历史人物,使忠直清亮之臣彪炳史册,流芳千古;使奸佞猥琐之徒悬首藁街,遗臭万年。史官惩恶扬善的功能,于此发挥得淋漓尽致。与《史记》《汉书》比较,《后汉书》增加了《党锢》《宦者》《文苑》《独行》《逸民》和《列女》诸列传,体现了范晔的历史发展观。难能可贵的是,范晔一反传统观念,撰写《列女传》,表达了对女性的关怀,是范晔先进的史学思想和远见卓识的表现。

《后汉书》体制周密,思维绵邈,语言简洁,刻画入神,价值很高,受到后人赞誉。唐刘知几在《史通·书事》中说:"范晔博采众书,裁成汉典,观其所取,颇有奇工。"又在《补注》赞扬说:"范晔之删《后汉》也,简而且周,疏而不漏,盖云备矣。"《后汉书》的论赞部分,最能显示范晔的文学才华,征引恰切,评论允当,语言典丽,句式工整,范晔自己对此也颇为得意。

本书选文之原则,力求体系完整,以窥《后汉书》之一斑。选文按原书卷帙次序排列,

1

有些选文中的琐事、繁杂的赋、奏章和书信有所删削，有些列传中载及子孙、僚属、朋友的事，不必要的也进行了删削。于每一类传记中选取若干篇目，彰表清亮耿直之高义、廉洁奉公之大节、不屈不挠之品质，以弘扬中华民族优秀的精神文化传统。诸夷列传较繁琐，不选。八志非范晔之作，故不选。篇章选择的目的和意义表述如下，以为叙例。

邓太后临朝称制，明断冤狱，躬行俭约，勤勤恳恳，忧心国事，体恤下民，所图者唯国家强盛，真一代名后！纵览东汉皇帝，在治国理民上，无一能出邓太后之右。故选《邓皇后纪》。

南阳贾复，起于乱世，明断是非，转战南北，斩将搴旗，纵横决荡，有曹参之勇武，兼张良之智略，在后汉功臣中，贾复独树一帜，故选《贾复传》。

承宫家贫，拾柴求学。执苦数年，勤学不倦。耕读养志，不与世争。有朱买臣之苦读，无朱买臣之浮夸。及为朝臣，直言切谏，无所回护，因此名显匈奴，汉臣之名节，争曜日月。故选《承宫传》。

孔奋为姑臧长，姑臧是富邑。前任官吏数月之间，积财丰厚，孔奋为官四年，家无余财。乱世之中，廉吏尤为珍贵，无怪乎孔奋离任之时，吏民携带牛马器物，追送数百里。官吏贪婪，历代有之，追念孔奋，感叹不已，孔子之后有人矣！故选《孔奋传》。

郑玄矢志于学，终身不仕，皓首穷经，传授生徒。与通儒往复辩论，力倡古文经学，使古文经学大行于世。括囊大典，网罗众家，删裁繁诬，刊改漏失，自是学者略知所归。博学之士刘歆，屈节委身于大猾王莽，白圭而有玷污，受到后人诟议，其与郑玄比立，真霄壤之别。孔融建议，为郑玄设置"郑公乡"，建造"通德门"，宜哉！故选《郑玄传》。

刘平，忠义孝友之士。为官一任，造福一方，政有恩惠，百姓感念，仁义流布乡里，如风吹草靡，真国家之辅臣也。与人守信，寻常之事；与贼守信，平生未闻。所以，贼感信义，两释刘平。刘平孝敬，舍身为老母乞食。在逃难之中，宁可舍弃自己的儿子，也要保住弟弟的遗腹女。忠义孝友，是中华民族的传统美德，弘扬这种美德，人人有责。故选《刘平传》。

班固高才，博览典籍，潜精积思二十余年，著成《汉书》。推贤进士，直言敢谏，陪肃宗读书于禁中，随窦宪伐单于于北庭。有皇帝之宠幸，兼大将军之亲近，其所受殊荣，为史官所罕见者。然殚精竭虑于国事，而疏于子弟之教诲，终于养患而亡身。讥笑司马迁以不智而遭极刑，而自己亦身陷大戮，其智若何？前车之鉴，后人漠视，古今同然，岂不痛哉？故选《班固传》。

太尉杨震，忠耿之节，彪炳史册。位居三公，忧念国事，嫉恶如仇。奸佞小人王圣、樊丰、周广、谢恽，狼狈为奸，淆乱朝政，谗害忠良。杨震中流砥柱，激浊扬清，先后三次上书，直斥奸党的罪恶。锄奸未成，身陷其害。忠贞之义，上感飞鸟。承屈原之名节，启陈蕃之义气，三公之臣，能舍身与群小争斗者，安、顺之朝，惟杨震一人而已。杨震之后，有杨秉、杨赐、杨彪、杨修，继扬家风，世为诤臣，播名汉季，流芳千古。天道无亲，常与善人。故选《杨震传》。

谭嗣同诗云："望门投止思张俭，忍死须臾待杜根。我自横刀向天笑，去留肝胆两昆仑。"表达了对敢于对抗女主和宦官的杜根、张俭的高名显节的钦佩之情。杜根忠耿无忌，上书邓太后，劝其归政于安帝。太后震怒，棒杀杜根。杜根假装已死，忍死三日，目中生蛆。辗转逃亡民间，安帝归位，拜为侍御史。张俭不避权贵，揭发阉竖侯览的罪恶，并请求诛杀侯览，遭到侯览报复，追杀张俭。人们思慕张俭的壮节，争着收留他以避祸患，为此伏重诛者以十数，宗亲并皆殄灭，郡县为之残破。阉党被铲除后，张俭还归乡里，屡征不仕。遭遇饥荒，张俭以其家资救济乡民，赖其存活者数百人。故选《杜根传》《张俭传》。

蔡邕淳孝，母亲生病三年，精心伺候，母亲去世后，在坟墓旁守孝，孝心感动了野兔和草木。勤恳读书，博识多闻，挽救经典，刊刻熹平石经。供职议郎，直言敢谏，封书指斥奸佞之徒赵娆、霍玉，反遭谗害，流徙北方。又遭到酷吏阳球的追杀，亡命江海。对董卓怀有知遇之情，董卓被杀，蔡邕面露悲伤之意，被王允杀害，郑玄为此叹息不已。董卓虽为国贼，然在纳谏和重用贤才上，远胜桓、灵二帝。士为知己者死，感恩图报，人之常情，岂能为愚忠所束缚耶？后人诟詈蔡邕身事伪朝而乐不思蜀，实在是肤浅而片面之言。故选《蔡邕传》。

前有杨震，后有陈蕃，以中正持国，与外戚阉党作殊死抗争。桓、灵之世，阉党纵横，苏康、管霸、王甫、曹节，谄媚附上，结党营私，罗织罪名，残害忠良。忠耿清亮之士，李膺、范滂、成瑨、刘瓆，皆遭杀害。一时阴霾弥漫朝野，群臣杜口裹足。惟有陈蕃，以扫天下之志，誓清君侧，屡次直言切谏，疾言厉语，直斥阉竖，朝廷闻者莫不震恐。后与窦武密谋，铲除阉党。事情泄露，窦武被杀，王甫率兵逮捕陈蕃，陈蕃年逾古稀，白发苍苍，拔剑斥骂王甫，后被王甫所杀。时为铚令的朱震把陈蕃的儿子陈逸藏起来，阉党逮捕朱震，对他严刑拷打，朱震誓死不言。赵氏孤儿的故事又一次上演。故选《陈蕃传》。

范滂清直，慷慨而有大节，可与颜回、子奇比美。署郡功曹，斥奸举贤，不徇私情，政和风清，一郡大治。后陷入党锢之祸，争先受刑。临刑之际，视死如归，与老母一别，令人酸鼻叹息。陈蕃七十而死，范滂三十而亡，阉竖党锢之祸酷烈，于此可见一斑。然而汉氏乱而不亡，百余年间，二三子之力也。苏轼每读《范滂传》，未尝不流涕也，后来者冀有同感。故选《范滂传》。

孔北海博洽贯通，名重当时，然生不逢时，屡为宵小之徒所困。为北海太守之时，戎马倥偬之际，开办乡学，敦教《诗》《书》，推贤举士，惟恐不及。屡上奏疏，拾遗补阙，旁征博引，切中肯綮。面对奸雄巨猾，不屈不挠，嬉笑怒骂，痛下针砭，终为曹操馋杀。"覆巢之下，安有完卵"，名士之后，复有神童，然曹操赶尽杀绝，海内为之叹息。故选《孔融传》。

孟尝为郡户曹史，为上虞孝妇伸冤，有东海于公之风。为合浦太守，革故鼎新，布施惠政，人民安居乐业。离任之际，乡民攀车挽留。隐处穷泽，躬耕陇亩，人们追附之，所居成市，有古公亶父之风。故选《孟尝传》。

蔡伦身为宦官，承奉宫廷之余，潜心学术，造成纸张，布泽万世。故选《蔡伦传》。

边让为文苑英华，捷思敏对，辞章华丽，《章华赋》言辞清丽婉转，引典恰切自然，无勉强雕琢之痕，脱去了汉赋的繁复堆砌之病，承接了汉赋的卒章显志之风，在东汉赋中，独树一帜。故选《边让传》。

严光隐居山林，玄默自守，手挥五弦，目送归鸿，啸歌林中，垂钓水滨，不以世务劳累身心，虽光武帝亲自聘请，亦辞归高卧，乃逸民之魁首也。故选《严光传》。

范晔卓识，首创《列女传》，为中华民族传统文化添一笔重彩。班昭，古之才女，博学多识，继成《汉书》；涵养女德，撰写《女诫》。乐羊子妻，深明大义，以断织之喻，劝夫读书。遭贼劫掠，以死捍卫贞洁。曹娥将近及笄，孝义著天，为寻父尸，投江而死。故选《曹世叔妻传》《乐羊子妻传》和《曹娥传》。

本书以《中华书局》1965年5月版为根据，参校其他选本，对其中的异体字、俗字等有所更正，并注音释义。注释采用李贤注，其不注者，参校他人，窃下己意。时间仓促，学识浅陋，其中纰漏处往往而有，敬请同仁指正。

（作者单位：山西师范大学）

诵读指导

《后汉书》诵读中的史家笔法与论者情态

李洪岩

　　《后汉书》是继《汉书》之后记载汉代历史的纪传体史书,由南朝范晔编撰,记载了上起东汉光武帝建武元年(25)下至汉献帝建安二十五年(220),共计195年间的历史。该书在中国古代历史著作中地位重要,是"二十四史"之一,并与《史记》《汉书》《三国志》并称"前四史"。《后汉书》的体例承袭了《史记》和《汉书》的传统,不过范晔完成了十纪、八十列传后,因受牵连下狱而亡,拟作的十志未能付诸笔端,晋朝人司马彪《续汉书》中的八志补入范晔的著作中,由此形成了今天通行本《后汉书》十纪、八十列传和八志的体例规模。

　　另外《后汉书》也有与《汉书》不同的突出特点。思想上有更先进的史观,重视女性并撰有《曹世叔妻传》《乐羊子妻传》等;内容上不仅有帝纪,更有后纪,将皇后太后列入纪中,既反映了东汉多位皇后临朝的史实,又没有将女性统治者列为外戚的狭隘观念;艺术上颇具见地并表述精深,特别是其在文后撰写的论、赞,有观点有态度,纵横抒评,值得称道;语言上骈散结合,讲求韵律,情感充沛,有很高的文学价值,这在其论赞中也有鲜明的体现。

　　以上这些特点,反映在诵读活动中则需要在选材上、理解上和表达上加以考虑,使诵读活动和文化传承活动结合起来。

　　首先,《后汉书》或论帝王公卿,或说逸民女子,大都讲忠奸之短长,论为政之得失,鞭笞黑暗、歌颂正义。诵读时理解内容为基础,把握基调为方向,态度要明朗,语气要恰切。

　　比如,《邓皇后纪》介绍的是邓皇后的为政之道:

　　　　及殇帝崩,太后定策立安帝,犹临朝政。以连遭大忧,百姓苦役,殇帝康陵方中秘藏,及诸工作,事事减约,十分居一。

作为一代女性统治者,能够关注百姓疾苦,做事勤俭,不事奢华,已属难得。而更为不易的是邓皇后能够不袒护豪门大吏,她曾发布严格的规定:

> 诏告司隶校尉、河南尹、南阳太守曰:"每览前代外戚宾客,假借威权,轻薄谲诏,至有浊乱奉公,为人患苦。咎在执法急懈,不辄行其罚故也。今车骑将军骘等虽怀敬顺之志,而宗门广大,姻戚不少,宾客奸猾,多干禁宪。其明加检敕,勿兼容护。"自是亲属犯罪,无所假贷。

这些规定要求对高官"明加检敕,勿兼容护",对高官及其亲属提出了严格要求。这些具体的要求产生了积极的效果,从此不管是何人,如果犯罪都不包庇。

此外,邓太后对自身也提出了严格要求,并严格遵守:

> 自太后临朝,水旱十载,四夷外侵,盗贼内起。每闻人饥,或达旦不寐,而躬自减彻,以救灾厄,故天下复平,岁还丰穰。

可见,天下太平,年岁丰饶的景象是离不开古代明主廉政、严政、勤政的。虽然其中充满了古代政治中强烈的人治色彩,但抛开其历史局限而言,作者尊崇大义之道的主张还是非常鲜明的。诵读这样的作品和文字,应强调由内而外秉持一种浩然正气,态度端正,气势稳健,声音朗润,节奏舒展,给人一种凛然敬畏之感。

其次,理解作者思想上的先进史观,根据当时的历史现实,强调大义、诚信,诵读中态度明朗,气度恢弘。

比如,《范滂传》中讲述了范滂受牵连被捕之时与母亲及儿子诀别时的场面及对话,令人扼腕唏嘘:

> 建宁二年,遂大诛党人,诏下急捕滂等。督邮吴导至县,抱诏书,闭传舍,伏床而泣。滂闻之,曰:"必为我也。"即自诣狱。县令郭揖大惊,出解印绶,引与俱亡。曰:

"天下大矣,子何为在此?"滂曰:"滂死则祸塞,何敢以罪累君,又令老母流离乎!"其母就与之诀。滂白母曰:"仲博孝敬,足以供养,滂从龙舒君归黄泉,存亡各得其所。惟大人割不可忍之恩,勿增感戚。"母曰:"汝今得与李、杜齐名,死亦何恨!既有令名,复求寿考,可兼得乎?"滂跪受教,再拜而辞。顾谓其子曰:"吾欲使汝为恶,则恶不可为;使汝为善,则我不为恶。"行路闻之,莫不流涕。时年三十三。

范滂不愿意逃亡,其原因是不想连累别人,不想让老母亲流离失所,于是与母诀别。而范滂之母更是刚烈之人,她赐言说,你能够与当世的贤良齐名,死又有什么悔恨的呢!好名声与平安长寿,不可兼得。贤良若此,的确令人不胜唏嘘。诵读这样的文字,既要描摹范滂及其母亲的情态,更要揣摩拿捏古之贤良的心理,焕发出大义凛然的正气。

再如,《刘平传》中更是记载了如今之人不敢望其项背的诚信行为。

平朝出求食,逢饿贼,将亨之,平叩头曰:"今旦为老母求菜,老母待旷为命,愿得先归,食母毕,还就死。"因涕泣。贼见其至诚,哀而遣之。平还,既食母讫,因白曰:"属与贼期,义不可欺。"遂还诣贼。众皆大惊,相谓曰:"常闻烈士,乃今见之。子去矣,吾不忍食子。"于是得全。

这段文字讲述了王莽时期的郡吏刘平逢贼遇险,他与贼人约定,回去侍奉母亲用餐之后再来就死,并且真的履约返回见贼人,令贼人大惊并且感动,贼奉其为忠烈之士并释放了他。讲求诚信到如此程度,不得不令诵读者在诵读之时深入把握文章主旨,感怀古之贤达的风尚与美德,并且在诵读创作过程里心怀景仰,语多崇敬之意。

第三,在具体的诵读语言表达中,把握作品的观点态度。《后汉书》在艺术上精意深旨,特别是其在文后撰写的论、赞,有观点有态度,纵横抒评,值得称道;语言上骈散结合,讲求韵律,情感充沛,有很高的文化价值。

《后汉书》中的评论大都非常辩证,不谬赞,也不文过饰非。前文提到的一代贤后等皇后虽然勤政爱民,但也有残忍暴戾的一面。当时太后临朝,杜根上书乞求太后归政于安帝,太后怒而命人将杜根置于布袋中棒打。对此书中评论说:"蹊田之牛,夺之已甚。"字面的意思是说,牛践踏了你的庄稼地,你就把别人的牛夺走,这种做法太过分了。以此说明杜根进谏之言虽然触犯太后，但太后对他施以重刑，太过分了。这种辩证的观点对诵读者提出了更高的要求，一方面在诵读的整体基调上把握赞赏的色彩，另一方面在具体的句段中又要根据内容辩证地予以批评，做到风格总体统一的前提下又有具体的变化。

此外，也有一些表明观点的内容并没有形成具体的评论和相应的称赞或批评，但在字里行间应该反映出这样的态度和语气。比如《乐羊子妻传》中为大家所熟知的乐羊子妻根据"不饮盗泉之水，不受嗟来之食"的古训说服丈夫不拾遗求利的故事，以及她效仿孟母给丈夫讲述中途弃学犹如中道断机杼的道理等，都给人留下了深刻的印象，这些内容在表述的过程中并没有明确的评论之语，但诵读时却要在语气上表现出肯定赞赏之意，于是，"羊子大惭，乃捐金于野，而远寻师学"，以及"羊子感其言，复还终业，遂七年不反"的叙述性的语句就充满了作者和朗诵者的态度与感情。

《后汉书》与《汉书》作为纪传体断代史，分别记叙了东汉和西汉的历史，体例上一致，内容上接近，但笔法上不同，相较于《汉书》讲求典雅精当的文采，《后汉书》更具评论的态度与充沛的情感，从诵读的角度看，更接近于评论类作品突出观点、强化态度的要求标准，而这其中，离不开对作者史观的把握，对内容的理解，以及对诵读者自身情感态度的调动。

（作者单位：中国传媒大学播音主持艺术学院）

邓皇后纪

和熹邓皇后讳绥，太傅禹之孙也。父训，护羌校尉；母阴氏，光烈皇后从弟女也。后年五岁，太傅夫人爱之，自为翦①发。夫人年高目冥②，误伤后额，忍痛不言。左右见者怪而问之，后曰："非不痛也，太夫人哀怜为断发，难伤老人意，故忍之耳。"六岁能《史书》③，十二通《诗》、《论语》。诸兄每读经传，辄下意难问④。志在典籍，不问居家之事。母常非之，曰："汝不习女工以供衣服，乃更务学，宁当举博士⑤邪？"后重⑥违母言，昼修妇业，暮诵经典，家人号曰"诸生"。父训异之，事无大小，辄与详议。

永元⑦四年，当以选入，会训卒，后昼夜号泣，终三年

---

①翦：修剪。　②目冥：眼昏花。　③《史书》：周宣王太史籀(zhòu)所作大篆十五篇，以教学童。　④下意难问：刻意就难懂的部分去问。　⑤博士：古代负责教学的一种官名。　⑥重：再。　⑦永元：汉和帝刘肇(zhào)年号。

1

不食盐菜，憔悴毁容，亲人不识之。后尝梦扪①天，荡荡正青，若有钟乳状，乃仰嗽饮之。以讯②诸占梦，言尧梦攀天而上，汤梦及天而咶③之，斯皆圣王之前占，吉不可言。又相者见后惊曰："此成汤之法④也。"家人窃喜而不敢宣。后叔父陔言："常闻活⑤千人者，子孙有封。兄训为谒者⑥，使修石臼河，岁活数千人。天道可信，家必蒙福。"初，太傅禹叹曰："吾将百万之众，未尝妄杀一人，其后世必有兴者。"

　　七年，后复与诸家子俱选入宫。后长七尺二寸，姿颜姝⑦丽，绝异于众，左右皆惊。八年冬，入掖庭为贵人，时年十六。恭肃小心，动有法度。承事阴后⑧，夙夜战兢。接抚同列，常克己以下之，虽宫人隶役，皆加恩借。帝深嘉爱焉。及后有疾，特令后母兄弟入视医药，不限以日

---

①扪：摸。　②讯：询问。　③咶：同"舐"，舐。　④法：骨法。　⑤活：使某人活命。　⑥谒者：古代官名，掌管引进拜见者。　⑦姝：容貌美好。　⑧阴后：汉和帝皇后，因巫蛊被废，迁于桐宫，忧郁而死。

数。后言于帝曰：“宫禁至重，而使外舍①久在内省，上令陛下有幸私之讥，下使贱妾获不知足之谤。上下交损，诚不愿也。”帝曰：“人皆以数入为荣，贵人反以为忧，深自抑损②，诚难及也。”每有谦会，诸姬贵人竞自修整，簪珥光采，袿③裳鲜明，而后独著素，装服无饰。其衣有与阴后同色者，即时解易。若并时进见，则不敢正坐离立④，行则偻身自卑。帝每有所问，常逡巡后对，不敢先阴后言。帝知后劳心曲体，叹曰：“修德之劳，乃如是乎！”后阴后渐疏，每当御见，辄辞以疾。时帝数失皇子，后忧继嗣不广，恒垂涕叹息，数选进才人，以博帝意。

阴后见后德称日盛，不知所为，遂造祝诅，欲以为害。帝尝寝病危甚，阴后密言：“我得意，不令邓氏复有遗类！”后闻，乃对左右流涕言曰：“我竭诚尽心以事皇后，竟不

①外舍：外家。②抑损：抑制贬损。③袿：古时妇女所穿的上等长袍。④不敢正坐离立：不敢端正地坐着，而是并立站着。

邓皇后纪

后汉书诵读本

为所祐,而当获罪于天。妇人虽无从死之义,然周公身请武王之命,越姬心誓必死之分,上以报帝之恩,中以解宗族之祸,下不令阴氏有人豕之讥①。"即欲饮药,宫人赵玉者固禁之,因诈言属②有使来,上疾已愈。后信以为然,乃止。明日,帝果瘳③。

十四年夏,阴后以巫蛊事废,后请救不能得,帝便属意焉。后愈称疾笃,深自闭绝。会有司奏建长秋宫,帝曰:"皇后之尊,与朕同体,承宗庙,母天下,岂易哉!唯邓贵人德冠后庭,乃可当之。"至冬,立为皇后。辞让者三,然后即位。手书表谢,深陈德薄,不足以充小君之选。是时,方国贡献,竞求珍丽之物,自后即位,悉令禁绝,岁时但供纸墨而已。帝每欲官爵邓氏,后辄哀请谦让,故

①周公身请武王之命:周武王有病,周公向先公先王祈请,使武王之病移于自己的身上。越姬心誓必死之分:事出刘向《列女传》。越姬是越王勾践的女儿,楚昭王的姬子。楚昭王出兵救陈国,在军中生了重病。史官说,昭王之病可移于将相的身上,昭王不听。越姬有感于昭王之义,愿以死来消弭昭王之病,于是自杀。人豕:汉高祖刘邦的爱妾戚夫人在刘邦死后受到吕后的虐待。吕后砍掉她的手足,挖掉她的眼睛,熏聋她的耳朵,放在猪圈里,取名"人彘(zhì)",供人取乐。②属:刚,新近。③瘳:病愈。

xiōng zhì zhōng dì shì bù guò hǔ bēn zhōng láng jiàng

兄骘终帝世不过虎贲中郎将①。

yuán xīng yuán nián dì bēng zhǎng zǐ píng yuán wáng yǒu jí ér zhū huáng zǐ yāo mò

元兴元年，帝崩，长子平原王有疾，而诸皇子夭没，

qián hòu shí shù hòu shēng zhě zhé yǐn mì yǎng yú rén jiān shāng dì shēng shǐ bǎi rì hòu nǎi yíng

前后十数，后生者辄隐秘养于人间。殇帝生始百日，后乃迎

lì zhī zūn hòu wéi huáng tài hòu tài hòu lín cháo hé dì zàng hòu gōng rén bìng guī yuán tài

立之。尊后为皇太后，太后临朝。和帝葬后，宫人并归园，太

hòu cì zhōu féng guì rén cè yuē zhèn yǔ guì rén tuō pèi hòu tíng gòng huān děng liè shí yòu

后赐周、冯贵人策曰："朕与贵人托②配后庭，共欢等列，十有

yú nián bù huò fú yòu xiān dì zǎo qì tiān xià gū xīn qióng qióng mǐ suǒ zhān yǎng sù yè

余年。不获福祐，先帝早弃天下，孤心茕茕，靡所瞻仰，夙夜

yǒng huái gǎn chuàng fā zhōng jīn dāng yǐ jiù diǎn fēn guī wài yuán cǎn jié zēng tàn yàn

永怀，感怆发中③。今当以旧典分归外园，惨结增叹，燕

yàn zhī shī hé néng yù yān qí cì guì rén wáng qīng gài chē cǎi shì lù cān mǎ gè

燕之诗，曷能喻焉④？其赐贵人王青盖车，采饰辂，骖马各

yī sì huáng jīn sān shí jīn zá bó sān qiān pǐ bái yuè sì qiān duān yòu cì féng

一驷，黄金三十斤，杂帛三千匹，白越四千端⑤。"又赐冯

guì rén wáng chì shòu yǐ wèi yǒu tóu shàng bù yáo huán pèi jiā cì gè yī jù

贵人王赤绶，以未有头上步摇⑥、环佩，加赐各一具。

shì shí xīn zāo dà yōu fǎ jìn wèi shè gōng zhōng wáng dà zhū yī qiè tài hòu

是时新遭大忧，法禁未设。宫中亡大珠一箧⑦，太后

①虎贲中郎将：《后汉书·百官志》记载，虎贲中郎将，比二千石，主虎贲宿卫。 ②托：寄托。 ③夙夜。感怆发中：心中生发悲怆之情。 ④惨结增叹：凄惨之情纠结于心中，令人叹息不已。燕燕之诗：典故出自《诗经·邶风·燕燕》。朱熹《诗集传》说，卫庄公嫡夫人庄姜没有儿子，就将戴妫的儿子公子完作为自己的儿子。庄公死后，公子完即位，嬖人之子州吁杀掉公子完，戴妫不得不回到娘家陈国去，庄姜依依不舍地送她。 ⑤骖马：古时四马驾一车，称为驷马。中间两马叫服马，两侧之马叫骖马。白越：越地产的一种白布。 ⑥步摇：皇后的首饰，有垂珠，行动时摇晃。⑦箧：小箱子。

念，欲考问，必有不辜。乃亲阅宫人，观察颜色，即时首服①。又和帝幸人吉成，御者共枉吉成以巫蛊事，遂下掖庭考讯，辞证明白。太后以先帝左右，待之有恩，平日尚无恶言，今反若此，不合人情，更自呼见实核，果御者所为。莫不叹服，以为圣明。常以鬼神难征，淫祀无福，乃诏有司罢诸祠官不合典礼者。又诏赦除建武以来诸犯妖恶，及马、窦家属所被禁锢者，皆复之为平人②。减大官、导官、尚方、内者服御珍膳靡丽难成之物，自非供陵庙，稻粱米不得导择，朝夕一肉饭而已③。旧太官汤官经用岁且二万万，太后敕止，日杀省珍费，自是裁数千万④。及郡国所贡，皆减其过半。悉斥卖上林鹰犬。其蜀、汉扣⑤器九带佩刀，并不复调。止画工三十九种。又御府、尚

---

①即时首服：偷珠宝的人即时自首。　②禁锢：古代统治集团禁止异己的人做官或不许他们参加政治活动。复之：免除禁锢的处分。　③大官：管理后宫膳羞之官。导官：管理择米以供祭祀的官。尚方：管理工匠制作刀剑及玉器的官。内者：管理宫中帷帐之事的官。　④经：常。杀：减省，裁削。　⑤扣：用金玉等缘饰器物。

后汉书诵读本

方、织室锦绣、冰纨、绮縠、金银、珠玉、犀象、瑇瑁①、彫镂

玩弄之物，皆绝不作。离宫别馆储峙米糒薪炭，悉令省

之②。又诏诸园贵人，其宫人有宗室同族若羸老不任使

者，令园监实核上名，自御北宫增喜观阅问之，恣其去

留，即日免遣者五六百人。

及殇帝崩，太后定策立安帝，犹临朝政。以连遭大

忧，百姓苦役，殇帝康陵方中③秘藏，及诸工作，事事减

约，十分居一。

诏告司隶校尉、河南尹、南阳太守曰："每览前代外戚

宾客，假借威权，轻薄谄调④，至有浊乱奉公，为人患苦。

咎在执法怠懈，不辄行其罚故也。今车骑将军骘等虽怀

敬顺之志，而宗门广大，姻戚不少，宾客奸猾，多干⑤禁

宪。其明加检敕，勿相容护⑥。"自是亲属犯罪，无所假

邓皇后纪

①瑇瑁：一种爬行动物，形似龟，甲壳黄褐色，有黑斑，很光滑，可作装饰品。②储峙：蓄积。糒：干粮。③方中：古代帝王的寿穴。④谄调：言语轻略而快。⑤干：犯。⑥容护：包庇。

贷①。太后愍阴氏之罪废，赦其徙者归乡，敕还资财五百余

万。永初元年，爵号太夫人为新野君，万户供汤沐邑②。

　　二年夏，京师旱，亲幸洛阳寺录冤狱。有囚实不杀人

而被考自诬，羸困舆见，畏吏不敢言，将去，举头若欲自

诉③。太后察视觉之。即呼还问状，具得枉实，即时收

洛阳令下狱抵罪。行未还宫，澍雨④大降。

　　三年秋，太后体不安，左右忧惶，祷请祝辞，愿得代

命。太后闻之，即谴怒，切敕掖庭令以下，但使谢过祈福，

不得妄生不祥之言。旧事，岁终当飨遣卫士，大傩⑤

逐疫。太后以阴阳不和，军旅数兴，诏飨会勿设戏作乐，

减逐疫侲子⑥之半，悉罢象橐驼之属。丰年复故。太后自

入宫掖，从曹大家⑦受经书，兼天文、算数。昼省王政，

---

①假贷：宽恕。　②汤沐邑：取县邑赋税以供洗沐之用。　③自诬：无罪而自招有罪。羸困舆见：被折磨得皮包骨头。
④澍雨：及时雨。　⑤傩：古代在腊月举行的一种驱疫逐鬼的仪式。　⑥侲子：古时特指用以逐鬼的童男童女。
⑦曹大家：曹世叔的妻子，班固之妹班昭，古代才女。

8

夜则诵读,而患其谬误,惧乖典章,乃博选诸儒刘珍等及博士、议郎、四府掾史五十余人,诣东观雠校①传记。事毕奏御,赐葛布各有差。又诏中官近臣于东观受读经传,以教授宫人,左右习诵,朝夕济济。及新野君薨,太后自侍疾病,至乎终尽,忧哀毁损,事加于常。赠以长公主赤绶、东园秘器②、玉衣绣衾,又赐布三万四,钱三千万。骘等遂固让钱布不受。使司空持节护丧事,仪比东海恭王,谥曰敬君。太后谅闇既终,久旱,太后比三日幸洛阳,录囚徒,理出死罪三十六人,耐罪八十人,其余减罪死右趾已下至司寇③。

七年正月,初入太庙,斋七日,赐公卿百僚各有差。庚戌,谒宗庙,率命妇群妾相④礼仪,与皇帝交献亲荐,成礼而还。因下诏曰:"凡供荐新味,多非其节,或郁养

①雠校:校对文字。 ②东园:制作丧事秘器的官署。秘器:丧事的器具。 ③谅闇:也作"亮阴"、"谅阴",居父母之丧,特指帝王居丧。耐罪:古时一种剃除两颊胡须的轻刑。 ④相:助。

强孰^①，或穿掘萌牙，味无所至而夭折生长，岂所以顺时育物乎！传曰：'非其时不食。'自今当奉祠陵庙及给御者，皆须时乃上。"凡所省二十三种。

自太后临朝，水旱十载，四夷外侵，盗贼内起。每闻人饥，或达旦不寐，而躬自减彻，以救灾厄，故天下复平，岁还丰穰。

元初五年，平望侯刘毅以太后多德政，欲令早有注记，上书安帝曰："臣闻《易》载羲农而皇德著，《书》述唐虞而帝道崇，故虽圣明，必书功于竹帛^②，流音于管弦。伏惟皇太后膺大圣之姿，体乾坤之德，齐踪虞妃，比迹任姒^③。孝悌慈仁，允恭节约，杜绝奢盈之源，防抑逸欲之兆。正位内朝，流化四海。及元兴、延平之际，国无储副，仰观乾象，参之人誉，援立陛下为天下主，永安汉室，绥静四海。又遭水潦，东州饥荒。垂恩元元，冠盖

---

①孰：同"熟"。　②竹帛：古时在竹简和丝帛上写字。　③膺：承受。虞妃：虞舜的两个妃子。任姒：文王之母大任和武王之母大姒。

jiāo lù fěi bó yī shí gōng shuài qún xià sǔn shàn jiě cān yǐ shàn lí miáo cè yǐn
交路，菲薄衣食，躬率群下，损膳解骖，以赡黎苗①。恻隐

zhī ēn yóu shì chì zǐ kè jǐ yǐn qiān xiǎn yáng zè lòu chóng yàn yàn zhī zhèng
之恩，犹视赤子。克己引愆②，显扬仄陋。崇晏晏③之政，

fū zài kuān zhī jiào xīng miè guó jì jué shì lù gōng chén fù zōng shì zhuī huán xǐ
敷在宽之教。兴灭国，继绝世，录功臣，复宗室。追还徙

rén juān chú jìn gù zhèng fēi huì hé bù tú yú xīn zhì fēi jiù diǎn bù fǎng yú
人，蠲除④禁锢。政非惠和，不图于心；制非旧典，不访于

cháo hóng dé yáng yì chōng sè yǔ zhòu hóng zé fēng pèi màn yǎn bā fāng huá xià yuè
朝。弘德洋溢，充塞宇宙；洪泽丰沛，漫衍八方。华夏乐

huà róng dí hùn bìng pī gōng zhù yú dà hàn shuò huì jiā yú shēng rén wēi wēi zhī
化，戎狄混并。丕功著于大汉，硕惠加于生人。巍巍之

yè kě wén ér bù kě jí dàng dàng zhī xūn kě sòng ér bù kě míng gǔ zhī dì
业，可闻而不可及；荡荡之勋，可诵而不可名。古之帝

wáng zuǒ yòu zhì shǐ hàn zhī jiù diǎn shì yǒu zhù jì fú dào yǒu yí chóng zhì yǒu
王，左右置史；汉之旧典，世有注记。夫道有夷崇⑤，治有

jìn tuì ruò shàn zhèng bù shù xì yì zhé shū shì wéi yáo tāng fù hóng shuǐ dà hàn zhī
进退。若善政不述，细异辄书，是为尧汤负洪水大旱之

zé ér wú xián xī jiǎ tiān zhī měi gāo zōng chéng wáng yǒu zhì gòu xùn fēng zhī biàn ér
责，而无咸熙假天⑥之美；高宗成王有雉鸲迅风之变，而

wú zhōng xīng kāng níng zhī gōng yě shàng kǎo shī shū yǒu yú èr fēi zhōu shì
无中兴康宁之功也⑦。上考《诗》、《书》，有虞二妃，周室

sān mǔ xiū xíng zuǒ dé sī bù yú yù wèi yǒu nèi zāo jiā nàn wài yù zāi hài lǎn
三母，修行佐德，思不逾阈⑧。未有内遭家难，外遇灾害，览

---

①黎苗：平民百姓。②愆：罪过。③晏晏：宽缓和乐的样子。④蠲除：免除。⑤夷崇：低高。⑥咸熙假天：勋绩可与天比高。⑦雉鸲：殷高宗武丁祭祀时，有一只野鸡飞上鼎耳鸣叫。高宗反省，修德复礼，殷朝于是中兴。迅风：周成王怀疑周公，天降下雷霆狂风之变，成王改过，周朝走向强盛。⑧三母：后稷母姜嫄、文王母大任和武王母大姒。踰阈：超越门槛。

总大麓，经营天物，功德巍巍若兹者也①。宜令史官著《长乐宫注》、《圣德颂》，以敷宣景燿，勒勋金石，县之日月，摅之罔极，以崇陛下烝烝之孝②。"帝从之。

六年，太后诏征和帝弟济北、河间王子男女年五岁以上四十余人，又邓氏近亲子孙三十余人，并为开邸第，教学经书，躬自监试。尚幼者，使置师保，朝夕入宫，抚循诏导，恩爱甚渥③。乃诏从兄河南尹豹、越骑校尉康等曰："吾所以引纳群子，置之学官者，实以方今承百王之敝，时俗浅薄，巧伪滋生，《五经》衰缺，不有化导，将遂陵迟，故欲褒崇圣道，以匡失俗④。传不云乎：'饱食终日，无所用心，难矣哉！'今末世贵戚食禄之家，温衣美饭，乘坚驱良，而面墙术学，不识臧否，斯故祸败所从来

---

①览总大麓：统理国家万机之政。天物：天下万物。②县：同"悬"。摅：传播。③渥：浑厚。④陵迟：陵夷，山陵变为平地，意为衰败。褒：嘉奖。

也①。永平中，四姓小侯②皆令入学，所以矫俗厉薄，反之忠孝。先公既以武功书之竹帛，兼以文德教化子孙，故能束修，不触罗网③。诚令儿曹上述祖考休烈④，下念诏书本意，则足矣。其勉之哉！"

康以太后久临朝政，心怀畏惧，托病不朝。太后使内人问之。时宫婢出入，多能有所毁誉，其耆宿者皆称中大人，所使者乃康家先婢，亦自通中大人。康闻，诟之曰："汝我家出，尔敢尔邪⑤！"婢怒，还说康诈疾而言不逊。太后遂免康官，遣归国，绝属籍。

永宁二年二月，寝病渐笃，乃乘辇于前殿，见侍中、尚书，因北至太子新所缮宫。还，大赦天下，赐诸园贵人、王、主、群僚钱布各有差。诏曰："朕以无德，托母天

---

①坚：好车。良：良马。面墙术学：封闭在家中习技艺、做学问，不走向社会。②四姓小侯：明帝时，外戚樊、郭、阴、马四姓子弟小侯。③先公：邓皇后的祖父邓禹。束修：自能约束修整。④休烈：丰功伟绩。⑤尔敢尔邪：你怎么敢这样呢！

下，而薄祐不天，早离①大忧。延平之际，海内无主，元元

厄②运，危于累卵。勤勤苦心，不敢以万乘为乐，上欲不

欺天愧先帝，下不违人负宿心，诚在济度百姓，以安刘氏。

自谓感彻天地，当蒙福祚，而丧祸内外，伤痛不绝。顷以

废病沉滞，久不得侍祠，自力上原陵，加欬逆唾血，遂至

不解。存亡大分，无可奈何。公卿百官，其勉尽忠恪，

以辅朝廷。"三月崩。在位二十年，年四十一。合葬顺陵。

论曰：邓后称制终身，号令自出，术谢前政之良，身阙

明辟之义，至使嗣主侧目，敛袵于虚器，直生怀懑，悬书于象

魏③。借之仪者，殆其惑哉④！然而建光之后，王柄有归，

遂乃名贤戮辱，便孽党进，衰敝之来，兹焉有征⑤。故知

---

①离：遭遇。②厄：灾难。③称制终身：终身主持朝政。前政：指周公。明辟：明君。敛袵于虚器：裹紧衣服，无所事事地坐在帝位上。器，比喻帝位。直生：忠耿之士，指杜根等上书，请邓太后还政于汉安帝。象魏：城阙，一般是张贴法令、布告的地方。④借之仪者，殆其惑哉：邓太后不还政于安帝，使安帝徒有虚名，真是令人困惑。⑤建光：邓太后建光之中崩，政归于安帝。便孽党进：安帝乳母王圣及其女伯荣，出入宫掖，淆乱朝政，陷害大臣，太尉杨赐及邓骘被杀害。敝：败。兹焉有征：这种衰败的苗头来自于邓太后临朝称制。

14

chí quán yǐn bàng　suǒ xìng zhě fēi jǐ　jiāo xīn xù huàn　zì qiáng zhě wéi guó　　shì yǐ bān

持权引谤，所幸者非己；焦心恤患，自强者唯国^①。是以班

mǔ yī shuō　hé mén cí shì　　ài zhí wēi qiān　kūn tì xiè zuì　　jiāng dù gēn féng zhū

母一说，阖门辞事^②；爱侄微愆，髡剔谢罪^③。将杜根逢诛，

wèi zhí qí chéng hū　　dàn xī tián zhī niú　duó zhī yǐ shèn

未值其诚乎^④！但蹊田之牛，夺之已甚^⑤。

邓皇后纪

后汉书诵读本

---

①故知持权引谤，所幸者非己；焦心恤患，自强者唯国：所以知道，邓太后临朝称制，以此招来非议，并不是为了自己谋私利。操劳国事，体恤下民，全是为了使国家强盛。　②班母一说，阖门辞事：邓太后兄大将军邓骘，以母忧上书乞求卸职还家，太后不许，后经班昭劝说，才答应邓骘的请求。　③爱侄微愆，髡剔谢罪：邓太后的侄子邓骘之子邓凤收受贿赂的事泄露，邓骘惊惧，就将妻子及邓凤的头发剃光以向天下人谢罪。　④将杜根逢诛，未值其诚乎：杜根上书乞求太后归政于安帝，太后大怒，命令将杜根置于布袋中用棒打死，行刑者慕于杜根大义，轻施其刑，杜根逃过一劫。杜根因谏而遭重刑，大概他的忠诚未被太后所信。　⑤蹊田之牛，夺之已甚：别人的牛走在自己的庄稼地里，就把别人的牛据为己有，这种做法太过分了。这里比喻杜根进谏，虽逆批龙鳞，但太后对他施以重刑，太过分了。

贾复传（节选）

贾复字君文，南阳 冠军人也。少好学，习《尚书》。

事舞阴李生，李生奇之，谓门人曰："贾君之容貌志气如

此，而勤于学，将相之器也。"王 莽末，为县掾，迎盐河

东，会遇盗贼，等比十余人①皆放散其盐，复独完以还县，

县中称其信。

时下江、新市②兵起，复亦聚众数百人于羽山，自号

将军。更始立，乃将其众归汉中 王刘嘉，以为校尉。复

见更始政乱，诸将放纵，乃说嘉曰："臣闻图尧舜之事而

不能至者，汤武是也；图汤武之事而不能至者，桓文③是

也；图桓文之事而不能至者，六国是也；定六国之规，欲安

---

①等比十余人：同行运盐的十多人。②新市：古县名，今湖北京山。③桓文：春秋时期两位霸主齐桓公和晋文公。

守之而不能至者，亡六国是也。今汉室中兴，大王以亲戚为藩辅①，天下未定而安守所保，所保得无不可保乎？"嘉曰："卿言大，非吾任也②。大司马刘公在河北，必能相施，第③持我书往。"复遂辞嘉，受书北度河④，及光武于柏人，因邓禹得召见。光武奇之，禹亦称有将帅节，于是署复破虏将军督盗贼。复马羸⑤，光武解左骖以赐之。官属以复后来而好陵折等辈，调补鄗尉⑥，光武曰："贾督有折冲⑦千里之威，方任以职，勿得擅除。"

光武至信都⑧，以复为偏将军。及拔邯郸，迁都护将军。从击青犊于射犬，大战至日中，贼陈坚不却⑨。光武传召复曰："吏士皆饥，可且朝饭。"复曰："先破之，然后食耳。"于是被羽⑩先登，所向皆靡，贼乃败走。诸将咸服其

---

①藩辅：地方诸侯王国，是汉朝的屏障。②卿言大，非吾任也：你说的是天下大事，不是我所能承担的。③第：只管。④北：向北。度河：渡过黄河。⑤羸：瘦弱。⑥陵折等辈：压制同等地位的人。鄗：古县名，今河北高邑。⑦折冲：制敌取胜。⑧信都：今河北衡水、冀州一带。⑨陈：军阵。却：退却。⑩被羽：背负羽毛装饰的旗子。羽，析羽为旗，将军之旗。

后汉书诵读本

后汉书诵读本

yǒng　　　yòu běi yǔ wǔ jiào zhàn yú zhēn dìng　dà pò zhī　　fù shāng chuāng shèn　guāng wǔ
勇。又北与五校战于真定,大破之。复伤 创 甚。光武

dà jīng yuē　　wǒ suǒ yǐ bù lìng jiǎ fù bié jiàng zhě　wèi qí qīng dí yě　guǒ rán shī
大惊曰:"我所以不令贾复别将者,为其轻敌也。果然,失

wú míng jiàng　wén qí fù yǒu yùn　shēng nǚ yé　wǒ zǐ qǔ zhī shēng nán yé　wǒ nǚ
吾名 将。闻其妇有孕,生女邪,我子娶之,生男邪,我女

jià zhī　bù lìng qí yōu qī zǐ yě　　fù bìng xún yù　zhuī jí guāng wǔ yú jì　xiāng jiàn
嫁之,不令其忧妻子也。"复病寻愈,追及 光 武于蓟,相见

shèn huān　dà xiǎng shì zú　lìng fù jū qián　jī yè zéi　pò zhī
甚欢,大飨士卒,令复居前,击邺贼,破之①。

　　guāng wǔ jí wèi　bài wéi zhí jīn wú　fēng guàn jūn hóu　xiān dù hé gōng zhū wěi
光武即位,拜为执金吾,封 冠军侯。先度河攻朱鲔

yú luò yáng　yǔ bái hǔ gōng chén qiáo zhàn　lián pò xiáng zhī　jiàn wǔ èr nián　yì fēng
于洛阳,与白虎公 陈 侨战,连破降之。建武二年,益封

ráng　cháo yáng èr xiàn　gēng shǐ yǎn wáng yǐn zūn jí zhū dà jiàng zài nán fāng wèi xiáng zhě
穰②、朝 阳二县。更始郾王尹尊及诸大将在南方未降者

shàng duō　dì zhào zhū jiàng yì bīng shì　wèi yǒu yán　chén yín jiǔ zhī　nǎi yǐ xí kòu dì
尚多,帝召诸将议兵事,未有言,沉吟久之,乃以檄叩地

yuē　yǎn zuì qiáng　yuān wéi cì　shuí dāng jī zhī　　fù shuài rán duì yuē　chén qǐng jī
曰:"郾最强,宛为次,谁 当击之③?"复率然对曰:"臣 请击

yǎn　　dì xiào yuē　zhí jīn wú jī yǎn　wú fù hé yōu　dà sī mǎ dāng jī yuān
郾。"帝笑曰:"执金吾击郾,吾复何忧!大司马当击宛"。

suì qiǎn fù yǔ jì　dū wèi yīn shí　xiāo jì jiāng jūn liú zhí nán dù wǔ shè jīn jī yǎn　lián
遂遣复与骑都尉阴识、骁骑将军刘植南度五社津击郾,连

pò zhī　　yuè yú　yǐn zūn xiáng　jìn dìng qí dì　yǐn dōng jī gēng shǐ huái yáng tài shǒu
破之。月余,尹尊降,尽定其地。引东击更始淮 阳太守

---

　　①蓟:今北京西南。邺:今河北临漳西南。②穰:今河南邓县。③郾:今河南漯河附近。宛:今河南南阳。

暴汜，汜降，属县悉定。其秋，南击召陵、新息，平定之①。

明年春，迁左将军，别击赤眉于新城、渑池间，连破之。

与帝会宜阳，降赤眉。

复从征伐，未尝丧败，数与诸将溃围解急，身被十二创②。帝以复敢深入，希令远征，而壮其勇节，常自从之，故复少方面之勋③。诸将每论功自伐④，复未尝有言。帝辄曰："贾君之功，我自知之。"

十三年，定封胶东侯，食郁秩、壮武、下密、即墨、挺、观阳，凡六县。复知帝欲偃干戈，修文德，不欲功臣拥众京师，乃与高密侯邓禹并剽甲兵，敦儒学⑤。帝深然之，遂罢左右将军。复以列侯就第，加位特进。复为人刚毅方直，多大节。既还私第，阖门养威重⑥。朱祜等荐复宜为宰相，帝方以吏事责三公，故功臣并不用。是时，列

侯唯高密、固始、胶东三侯与公卿参议国家大事,恩遇甚
厚。三十一年卒,谥①曰刚侯。

……

---

①谥:古代帝王、贵族、大臣等死后依其一生所行事迹给予的称号。

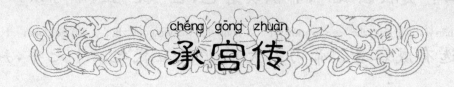

承宫传

chéng gōng zì shào zǐ　　láng yá gū mù rén yě　　shào gū　nián bā suì wèi rén mù
承宫字少子，琅邪姑幕人也。少孤，年八岁为人牧

shǐ　　xiāng lǐ xú zǐ shèng zhě　yǐ　chūn qiū jīng　shòu zhū shēng shù bǎi rén　gōng guò xī
豕。乡里徐子盛者，以《春秋经》授诸生数百人，宫过息

lú xià　lè qí yè　　yīn jiù tīng jīng　suì qǐng liú mén xià　wèi zhū shēng shí xīn　zhí
庐下，乐其业，因就听经，遂请留门下，为诸生拾薪。执

kǔ　　shù nián　qín xué bù juàn　　jīng diǎn jì míng　nǎi guī jiā jiāo shòu　zāo tiān xià sàng
苦①数年，勤学不倦。经典既明，乃归家教授。遭天下丧

luàn　suì jiàng zhū shēng bì　dì hàn zhōng　hòu yǔ qī zǐ zhī méng yīn shān　sì lì gēng
乱，遂将诸生避地汉中，后与妻子之蒙阴山，肆力耕

zhòng　　hé shǔ jiāng shú　rén yǒu rèn zhī zhě　　gōng bù yǔ jì　tuī zhī ér qù　yóu shì
种。禾黍将孰，人有认之者②，宫不与计，推之而去，由是

xiǎn míng　　sān fǔ gēng bì　jiē bù yìng
显名。三府更辟，皆不应③。

yǒng píng zhōng　zhēng yì gōng chē　　chē jià lín bì yōng　zhào gōng bài bó shì　qiān
永平中，征诣公车。车驾临辟雍，召宫拜博士，迁

zuǒ zhōng láng jiàng　shuò nà zhōng yán　chén zhèng　yì lùn qiè què　　cháo chén dàn qí jié
左中郎将，数纳忠言，陈政，议论切悫④。朝臣惮其节，

míng bō xiōng nú　　shí běi chán yú qiǎn shǐ qiú dé jiàn gōng　xiǎn zōng chì zì zhěng shì　gōng
名播匈奴。时北单于遣使求得见宫，显宗勅自整饰，宫

①执苦：干苦活。　②人有认之者：有人认为承宫所种的庄稼是他家的。　③三府：司徒、司空和太尉府。更：轮流。辟：征召某人做官。　④辟雍：古代专门供贵族子弟学习的地方。悫：诚实，谨慎。

后汉书诵读本

duì yuē　　yí dí xuàn míng　　fēi shí shí zhě yě　chén zhuàng chǒu　bù kě yǐ shì yuǎn
对曰："夷狄眩 名①，非识实者也，臣 状 丑，不可以示远，

yí xuǎn yǒu wēi róng zhě　　dì nǎi yǐ dà hóng lú wèi yìng dài zhī　　shí qī nián bài shì
宜选有威容者。"帝乃以大鸿胪魏应代之。十七年，拜侍

zhōng jì jiǔ　　jiàn chū yuán nián　zú　sù zōng bāo tàn　cì yǐ zhǒng dì　　qī shàng shū
中祭酒。建初元年，卒，肃宗褒叹，赐以冢地。妻上书

qǐ guī zàng xiāng lǐ　　fù cì qián sān shí wàn
乞归葬 乡里，复赐钱三十万。

---

①夷狄眩名：夷狄只是听说我的虚名。

孔奋传

孔奋字君鱼，扶风茂陵人也。曾祖霸，元帝时为侍中。奋少从刘歆受《春秋左氏传》，歆称之，谓门人曰："吾已从君鱼受道矣。"

遭王莽乱，奋与老母幼弟避兵河西。建武五年，河西大将军窦融请奋署议曹掾，守姑臧①长。八年，赐爵关内侯。时天下扰乱，唯河西独安，而姑臧称为富邑，通货羌胡，市日四合②，每居县者，不盈数月辄致丰积。奋在职四年，财产无所增。事母孝谨，虽为俭约，奉养极求珍膳。躬率妻子，同甘菜茹③。时天下未定，士多不修节操，而奋力行清絜，为众人所笑，或以为身处脂膏，不能以自润，徒

---

①姑臧：今甘肃武威。 ②市日四合：古代市场一日三市，即早市、午市和夕市，称为三合。姑臧是富裕的城市，商业繁华，故一日四合。 ③茹：食。

益苦辛耳。奋既立节，治贵仁平①，太守梁统深相敬待，

不以官属礼之，常迎于大门，引入见母。

陇蜀既平，河西守令咸被征召，财货连毂，弥竟川

泽②。唯奋无资，单车就路。姑臧吏民及羌胡更相谓曰：

"孔君清廉仁贤，举县蒙恩，如何今去，不共报德！"遂相

赋敛牛马器物千万以上，追送数百里。奋谢之而已，一无

所受。既至京师，除武都郡丞。

时陇西余贼隗茂等夜攻府舍，残杀郡守，贼畏奋追

急，乃执其妻子，欲以为质。奋年已五十，唯有一子，终不

顾望，遂穷力讨之。吏民感义，莫不倍用命焉。郡多氐

人，便习山谷，其大豪齐钟留者，为群氐所信向③。奋乃

率厉钟留等令要遮钞击，共为表里。贼窘惧逼急，乃推

奋妻子以置军前，冀当退却，而击之愈厉，遂禽灭茂等，奋

---

①治贵仁平：管理政事，追求宽仁和平和。②弥竟川泽：河里满是船，路上满是车。③氐人：古代少数民族名，
分布在甘肃、陕西和四川等地。便习山谷：擅长在山谷中游走。便，熟习，擅长。

妻子亦为所杀。世祖下诏褒美,拜为武都太守。

奋自为府丞,已见敬重,及拜太守,举郡莫不改操。

为政明断,甄①善疾非,见有美德,爱之如亲,其无行者,

忿之若雠,郡中称为清平。

弟奇,游学洛阳。奋以奇经明当仕,上病去官,守

约乡闾,卒于家。奇博通经典,作《春秋左氏删》。奋晚有

子嘉,官至城门校尉,作《左氏说》云。

①甄:明。

郑玄传(节选)

后汉书诵读本

郑玄字康成，北海高密①人也。八世祖崇，哀帝时尚书仆射。玄少为乡啬夫②，得休归，常诣学官，不乐为吏，父数怒之，不能禁。遂造太学受业，师事京兆第五元先，始通《京氏易》、《公羊春秋》、《三统历》、《九章算术》。又从东郡张恭祖受《周官》、《礼记》、《左氏春秋》、《韩诗》、《古文尚书》。以山东无足问者，乃西入关，因涿郡卢植，事扶风马融。

融门徒四百余人，升堂进者五十余生。融素骄贵，玄在门下，三年不得见，乃使高业弟子传授于玄。玄日夜寻诵，未尝怠倦。会融集诸生考论图纬③，闻玄善算，

---

①高密：今山东高密。 ②乡啬夫：乡中小吏，主管诉讼和收税。 ③图纬：谶(chèn)纬之学。

乃召见于楼上，玄因从质诸疑义，问毕辞归。融喟然谓门人曰："郑生今去，吾道东矣①。"

玄自游学，十余年乃归乡里。家贫，客耕东莱，学徒相随已数百千人。及党事起，乃与同郡孙嵩等四十余人俱被禁锢，遂隐修经业，杜门不出。时任城何休好《公羊》学，遂著《公羊墨守》、《左氏膏肓》、《穀梁废②疾》；玄乃发《墨守》，铖③《膏肓》，起《废疾》。休见而叹曰："康成入吾室，操吾矛，以伐我乎！"初，中兴之后，范升、陈元、李育、贾逵之徒争论古今学，后马融答北地太守刘瑰及玄答何休，义据通深，由是古学遂明。

灵帝末，党禁解，大将军何进闻而辟之。州郡以进权戚，不敢违意，遂迫胁玄，不得已而诣之。进为设几杖，礼待甚优。玄不受朝服，而以幅巾④见。一宿逃去。时年六

---

①吾道东矣：我的学问将在东部传播。　②废：久病不愈。　③铖：以针治病。　④幅巾：头巾，儒者未仕时的服饰。

后汉书诵读本

十，弟子河内赵商等自远方至者数千。后将军袁隗表为侍中，以父丧不行。国相孔融深敬于玄，屐履①造门。告高密县为玄特立一乡，曰："昔齐置'士乡'，越有'君子军'，皆异贤之意也②。郑君好学，实怀明德。昔太史公、廷尉吴公、谒者仆射邓公，皆汉之名臣③。又南山四皓有园公、夏黄公④，潜光隐耀，世嘉其高，皆悉称公。然则公者仁德之正号，不必三事大夫也。今郑君乡宜曰'郑公乡'。昔东海于公仅有一节，犹或戒乡人侈其门闾，矧乃郑公之德，而无驷牡之路⑤！可广开门衢，令容高车，号为'通德门'。"

董卓迁都长安，公卿举玄为赵相，道断不至。会⑥

①屐履：穿着拖鞋之类的便鞋。指孔融穿着居家衣服来拜访郑玄，表示亲切。 ②士乡：春秋时管仲辅佐齐桓公，将全国分为二十一乡，六乡由工商居住，十五乡由士居住。君子军：春秋时，吴越相互攻伐。越王勾践将军队分为三军，左军、右军和中军。中军由勾践亲近的、有德行志向的士兵组成，称为"君子军"。异贤：把贤士与一般人区分开。 ③太史公：司马迁之父司马谈。吴公：汉文帝时的河南太守。邓公：汉景帝时做过谒者仆射。 ④南山四皓有园公、夏黄公：园公、夏黄公、角(lù)里先生和绮里季，秦时隐居商洛南山，须眉皓白，故称"南山四皓"。汉高祖欲废太子，吕后用张良计，请四皓出山，与太子一起参见高祖。高祖大惊，废太子之意遂止。 ⑤昔东海于公仅有一节，犹或戒乡人侈其门闾：东海于公，西汉名臣于定国之父。于公审理郡县案件，公平合理，受到人们的称颂。于公的大门坏了，父老乡亲帮助修建。于公说："我断狱公平，积有阴德，子孙必定有作大官的，把大门建得稍微高大一些，便于他们的高大马车通行。"侈，增高增广。矧：况且。 ⑥会：正遇上。

28

黄巾寇青部，乃避地徐州，徐州牧陶谦接以师友之礼。建安元年，自徐州还高密，道遇黄巾贼数万人，见玄皆拜，相约不敢入县境。玄后尝疾笃，自虑，以书戒子益恩曰："吾家旧贫，不为父母群弟所容，去厮①役之吏，游学周、秦之都，往来幽、并、兖、豫之域，获觐乎在位通人，处逸大儒，得意者咸从捧手，有所受焉。遂博稽《六艺》，粗览传记，时睹秘书纬术之奥。年过四十，乃归供养，假田播殖，以娱朝夕。遇阉尹擅势，坐党禁锢，十有四年，而蒙赦令，举贤良方正有道，辟大将军三司府。公车再召，比牒并名②，早为宰相。惟彼数公，懿德大雅，克堪王臣，故宜式序③。吾自忖度，无任于此，但念述先圣之元意④，思整百家之不齐，亦庶几以竭吾才，故闻命罔从。而黄巾为害，萍浮⑤南北，复归邦乡。入此岁来，已七十矣。宿素

①厮：低贱。 ②比牒并名：出身和声名相当。 ③式序：被任用而登上高位。 ④元意：本意。 ⑤萍浮：像浮萍一样漂泊。

后汉书诵读本

衰落，仍有失误，案之礼典，便合传家。今我告尔以老，归尔以事，将闲居以安性，覃思①以终业。自非拜国君之命，问族亲之忧，展敬坟墓，观省野物，胡尝扶杖出门乎！家事大小，汝一承之。咨尔茕茕②一夫，曾无同生相依。其勖求君子之道，研钻勿替，敬慎威仪，以近有德③。显誉成于僚友，德行立于己志。若致声称，亦有荣于所生，可不深念邪！可不深念邪！吾虽无绂冕④之绪，颇有让爵之高。自乐以论赞之功，庶不遗后人之羞。末所愤愤者，徒以亡亲坟垄未成，所好群书率皆腐敝，不得于礼堂写定，传与其人。日西方暮，其可图乎！家今差多于昔，勤力务时，无恤饥寒。菲饮食，薄衣服，节夫二者，尚令吾寡恨⑤。若忽忘不识，亦已焉哉！"

时大将军袁绍总兵冀州，遣使要玄，大会宾客，玄

---

①覃思：深思。覃，锐利。　②茕茕：孤单。　③勖：勉力。　替：荒废。　④绂冕：高官的服饰。　⑤菲饮食：饮食简易。
寡恨：少有遗憾。

最后至,乃延升上坐。身长八尺,饮酒一斛,秀眉明目,

容仪温伟。绍客多豪俊,并有才说,见玄儒者,未以通人

许之,竞设异端,百家互起①。玄依方辩对,咸出问表②,皆

得所未闻,莫不嗟服。时汝南应劭亦归于绍,因自赞曰:

"故太山太守应中远,北面称弟子何如?"玄笑曰:"仲

尼之门考以四科,回、赐之徒不称官阀③。"劭有惭色。绍

乃举玄茂才,表为左中郎将,皆不就。公车征为大司

农,给安车④一乘,所过长吏送迎。玄乃以病自乞还家。

五年春,梦孔子告之曰:"起,起,今年岁在辰,来年

岁在巳。"既寤,以谶合之,知命当终,有顷寝疾。时袁

绍与曹操相拒于官度,令其子谭遣使逼玄随军。不得已,

载病到元城县,疾笃不进,其年六月卒,年七十四。遗令

①百家互起:以百家之学诘难郑玄。 ②咸出问表:指郑玄就诘难者所问,析理入微,所回答的远远超出问者的范围。 ③四科:即"德行"、"言语"、"政事"、"文学"四科。"德行",颜渊、闵子骞、冉伯牛、仲弓。"言语",宰我、子贡。"政事",冉有、季路。"文学",子游、子夏。回、赐之徒不称官阀:颜回、子贡之类的人没听说做过什么官。 ④安车:车轮上裹着蒲草、行动时不颠簸的马车。

后汉书诵读本

薄葬。自郡守以下尝 受业者，缞绖①赴会千余人。

门人相与撰 玄答诸弟子问《五经》，依《论语》作《郑志》八篇。凡玄所注《周易》、《尚书》、《毛诗》、《仪礼》、《礼记》、《论语》、《孝经》、《尚书大传》、《中候》、《乾象历》，又著《天文七政论》、《鲁礼禘祫义》、《六艺论》、《毛诗谱》、《驳许慎五经异义》、《答临孝存周礼难》，凡百余万言。

玄质于辞训，通人颇讥其繁。至于经传洽孰，称为纯儒，齐鲁间宗之。其门人山阳郗虑至御史大夫，东莱王基、清河崔琰著名于世。又乐安国渊、任嘏，时并童幼，玄称 渊为国器，嘏有道德，其余亦多所鉴拔，皆如其言。玄唯有一子益恩，孔 融在北海，举为孝廉；及融为黄巾所围，益恩赴难陨身。有遗腹子，玄以其手文似已，名之曰小同。

---

①缞绖：服三年孝的孝服，指重孝。

论曰：自秦焚《六经》，圣文埃灭①。汉兴，诸儒颇修艺

文；及东京，学者亦各名家。而守文之徒，滞固所禀②，异

端纷纭，互相诡激，遂令经有数家，家有数说，章句多者

或乃百余万言，学徒劳而少功，后生疑而莫正。郑玄括

囊大典，网罗众家，删裁繁诬，刊改漏失，自是学者略知

所归。王父豫章君每考先儒经训，而长③于玄，常以为

仲尼之门不能过也。及传授生徒，并专以郑氏家

法云。

……

后汉书诵读本

---

①埃灭：变成尘埃而消灭。　②禀：受。　③父：对同姓中男性长辈的通称。《尔雅·释亲》："父之考为王父，父之妣为王母。"长：推崇。

刘平传

刘平字公子，楚郡彭城①人也。本名旷，显宗后改为平。王莽时为郡吏，守菑丘长，政教大行。其后每属县有剧贼，辄令平守之，所至皆理，由是一郡称其能。

更始时，天下乱，平弟仲为贼所杀。其后贼复忽然而至，平扶侍其母，奔走逃难。仲遗腹女始一岁，平抱仲女而弃其子。母欲还取之，平不听，曰："力不能两活，仲不可以绝类②。"遂去不顾，与母俱匿野泽中。平朝出求食，逢饿贼，将亨③之，平叩头曰："今旦为老母求菜，老母待旷为命，愿得先归，食母毕，还就死。"因涕泣。贼见其至诚，哀而遣之。平还，既食母讫，因白曰："属与贼期，义不

①彭城：今江苏徐州。 ②绝类：绝后。 ③亨：同"烹"。

可欺。"遂还诣贼。 众皆大惊,相谓曰:"常闻烈士,乃今见之。子去矣,吾不忍食子。"于是得全。

建武初,平狄将军庞萌反于彭城,攻败郡守孙萌。平时复为郡吏,冒白刃伏萌身上,被七创,困顿不知所为,号泣请曰:"愿以身代府君。"贼乃敛兵止,曰:"此义士也,勿杀。"遂解去。萌伤甚气绝,有顷苏,渴求饮。平倾其创血以饮之。后数日萌竟死,平乃裹创,扶送萌丧,至其本县。

后举孝廉,拜济阴郡丞,太守刘育甚重之,任以郡职,上书荐平。会平遭父丧去官。服阕,拜全椒长,政有恩惠,百姓怀感,人或增赀就赋,或减年从役①。刺史、太守行部,狱无系囚,人自以得所,不知所问,唯班诏书而去。后以病免。

①服阕:守丧期结束。赀:同"资",财货。减年从役:谎说自己年轻,去服劳役或兵役。指百姓感刘平恩义,乐意去服役。

显宗初，尚书仆射钟离意上书荐平及琅邪王望、东莱王扶曰："臣窃见琅邪王望、楚国刘旷、东莱王扶，皆年七十，执性恬淡，所居之处，邑里化之①，修身行义，应在朝次。臣诚不足知人，窃慕推士进贤之义。"书奏，有诏征平等，特赐办装钱。至皆拜议郎，并数引见。平再迁侍中，永平三年，拜宗正，数荐达名士承宫、郇恁等②。在位八年，以老病上疏乞骸骨，卒于家。

①邑里化之：邑里之人受到他们德义的感化，自然而然地形成了良好的风尚。 ②侍中：官职名，伺候皇帝左右，辅佐皇帝处理国事，并充当皇帝的顾问。宗正：官职名，由刘姓德高望重的人充任，主管王国嫡庶的次序及诸宗室亲属远近。

班固传（节选）

固字孟坚。年九岁，能属文诵诗赋，及长，遂博贯载籍，九流①百家之言，无不穷究。所学无常师，不为章句，举大义而已。性宽和容众，不以才能高人②，诸儒以此慕之。

永平初，东平王苍以至戚为骠骑将军辅政，开东阁，延英雄③。时固始弱冠④，奏记说苍曰："将军以周、邵之德，立乎本朝，承休明之策，建威灵之号，昔在周公，今也将军，《诗》、《书》所载，未有三此者也⑤。传曰：'必有非常之人，然后有非常之事；有非常之事，然后有非常之

---

①九流：指儒家、道家、墨家、名家、法家、阴阳家、农家、杂家、纵横家之学。 ②高人：自以为比别人高明。
③至戚：受宠幸的汉室宗亲。延：请。 ④弱冠：古时男子二十岁行冠礼，表示成人了。刚行冠礼称为弱冠。 ⑤周、邵：西周时辅佐周成王的周公、邵公。未有三此者：除了周公和您之外，没有第三者。

功。'固幸得生于清明之世，豫在视听之末，私以蝼蚁，窃

观国政，诚美将军拥千载之任，蹑先圣之踪，体弘懿

之姿，据高明之势，博贯庶事，服膺《六艺》，白黑简心，求

善无厌，采择狂夫之言，不逆负薪之议①。窃见幕府新开，

广延群俊，四方之士，颠倒衣裳②。将军宜详唐、殷之

举，察伊、皋之荐，令远近无偏，幽隐必达，期于总览贤才，

收集明智，为国得人，以宁本朝③。则将军养志和神，优游

庙堂，光名宣于当世，遗烈④著于无穷。

窃见故司空掾桓梁，宿儒盛名，冠德州里，七十从

心，行不逾矩，盖清庙之光晖，当世之俊彦也⑤。京兆祭

酒晋冯，结发修身，白首无违，好古乐道，玄默自守，古人之

①私以蝼蚁：私下以蝼蚁般的微贱之躯、愚陋之智。此班固自谦之词。服膺：精通。白黑简心：圣人判断是非，若眼睛区别黑白一样明晰。简，选也。负薪：低贱之人。　②颠倒衣裳：《诗经·齐风·东方未明》："东方未明，颠倒衣裳。颠之倒之，自公召之。"比喻四方之士争先恐后地为刘苍效劳。　③唐：唐尧。殷：殷王汤。察伊、皋之荐：尧举用皋陶(yáo)，汤举用伊尹。皋陶、伊尹是尧和汤的贤臣。　④庙堂：朝廷。烈：功业。　⑤七十从心，行不逾矩：孔子曰："七十而从心所欲，不逾矩。"意为恣心所为，动静皆合于法度。盖清庙之光晖，当世之俊彦也：桓梁是当世的俊彦，可参与国家大事，使国家清明昌盛。

美行，时俗所莫及。扶风掾李育，经明行著，教授百人，

客居杜陵，茅室土阶。京兆、扶风二郡更请，徒以家贫，数

辞病去。温故知新，论议通明，廉清修絜，行能纯备，虽

前世名儒，国家所器，韦、平、孔、翟①，无以加焉。宜令考

绩，以参万事。京兆督邮郭基，孝行著于州里，经学称于

师门，政务之绩，有绝异之效。如得及明时，秉事下僚，进

有羽翮奋翔之用，退有杞梁一介之死②。凉州从事王

雍，躬卞严之节，文之以术艺③，凉州冠盖，未有宜先雍

者也。古者周公一举则三方怨，曰'奚为而后己'④。宜及

府开，以慰远方。弘农功曹史殷肃，达学洽闻，才能绝

伦，诵《诗》三百，奉使专对。此六子者，皆有殊行绝才，德

---

①韦、平、孔、翟：西汉名臣韦贤、平当、孔光和翟方进。 ②羽翮：鸟的翅膀。杞梁一介之死：齐庄公攻打莒国，杞梁奋勇当先，战死军中。 ③躬卞严之节，文之以术艺：卞庄子是一名勇士，赡养老母，在战场上连败三阵，朋友看不起他，国君侮辱他，然而他面不改色。母死之后，他请缨杀敌，说："以前连败三阵，是因为家有老母需要我养活。现在老母已死，无所顾虑了。"于是冲入敌阵，杀了十人而死。孔子说："卞庄子的勇敢、冉有的学艺，是礼乐的最好体现。" ④周公一举则三方怨，曰'奚为而后己'：周公征伐东方，则西方埋怨，征南则北国怨，说为什么先征伐别的地方，而后征伐我的地方。

班固传

后汉书诵读本

隆当世，如蒙征纳，以辅高明，此山梁之秋，夫子所为叹也①。昔卞和献宝，以离断趾，灵均②纳忠，终于沉身，而和氏之璧，千载垂光，屈子之篇，万世归善。愿将军隆照微之明，信③日昊之听，少屈威神，咨嗟下问，令尘埃之中，永无荆山、汨罗之恨。"

苍纳之。

父彪卒，归乡里。固以彪所续前史未详，乃潜精研思，欲就④其业。既而有人上书显宗，告固私改作国史者，有诏下郡，收固系京兆狱，尽取其家书。先是扶风人苏朗伪言图谶事，下狱死。固弟超恐固为郡所核考，不能自明，乃驰诣阙上书，得召见，具言固所著述意，而郡亦上其书。显宗甚奇之，召诣校书部，除⑤兰台令史，与前睢阳令陈宗、长陵令尹敏、司隶从事孟异共成《世祖本纪》。

qiān wéi láng   diǎn jiào mì shū   gù yòu zhuàn gōng chén píng lín   xīn shì gōng sūn shù
迁为郎，典 校秘书。固又撰 功臣、平林、新市、公孙述

shì zuò liè zhuàn zǎi jì èr shí bā piān zòu zhī   dì nǎi fù shǐ zhōng chéng qián suǒ
事，作列 传、载记二十八篇，奏之。帝乃复使终 成 前所

zhù shū
著书。

　　　　gù yǐ wéi hàn shào yáo yùn yǐ jiàn dì yè zhì yú liù shì   shǐ chén nǎi zhuī shù gōng
　　　　固以为汉绍尧运，以建帝业，至于六世，史臣乃追述功

dé sī zuò běn jì biān yú bǎi wáng zhī mò cè yú qín xiàng zhī liè   tài chū yǐ hòu
德，私作本纪，编于百王之末，厕于秦、项之列，太初以后，

quē ér bù lù gù tàn zhuàn qián jì zhuì jí suǒ wén yǐ wéi hàn shū ①   qǐ yuán gāo
阙而不录，故探 撰 前记，缀集所闻，以为《汉书》①。起元高

zǔ zhōng yú xiào píng wáng mǎng zhī zhū shí yòu èr shì   èr bǎi sān shí nián zōng qí xíng
祖，终于孝平 王 莽之诛，十有二世，二百三十年，综其行

shì páng guàn wǔ jīng   shàng xià qià tōng wéi chūn qiū kǎo jì biǎo zhì zhuàn fán
事，傍 贯《五经》，上下洽通，为《春秋》考纪、表、志、传凡

bǎi piān   gù zì yǒng píng zhōng shǐ shòu zhào qián jīng jī sī èr shí yú nián zhì jiàn chū
百篇。固自永平 中始受诏，潜精积思二十余年，至建初

zhōng nǎi chéng   dāng shì shèn zhòng qí shū xué zhě mò bù fěng sòng yān
中乃成。当世甚 重 其书，学者莫不讽 诵②焉。

　　　　zì wéi láng hòu suì jiàn qīn jìn   shí jīng shī xiū qǐ gōng shì jùn shàn chéng huáng
　　　　自为郎后，遂见亲近。时京师修起宫室，浚缮 城 隍，

ér guān zhōng qí lǎo yóu wàng cháo tíng xī gù   gù gǎn qián shì xiàng rú shòu wáng
而关 中耆老犹望 朝 廷西顾③。固感前世相如、寿 王、

dōng fāng zhī tú zào gòu wén cí zhōng yǐ fěng quàn nǎi shàng liǎng dū fù shèng chēng
东 方之徒，造构文辞，终 以讽劝，乃上《两都赋》，盛 称

①史臣：司马迁。太初：汉武帝中后期的年号。　②讽诵：议论诵读。　③浚缮城隍：疏通护城河，缮修城墙。耆
老：德高望重的老人。

luò yì zhì dù zhī měi　　yǐ zhé xī bīn yín chǐ zhī lùn
洛邑制度之美，以折西宾淫侈之论①。……

jí sù zōng yǎ hào wénzhāng　gù yù dé xìng shuò rù dú shū jìn zhōng　huò lián rì
及肃宗雅好文章，固愈得幸，数入读书禁中，或连日

jì yè　　měi xíng xún shòu　zhé xiàn shàng fù sòng cháo tíng yǒu dà yì　shǐ nàn wèn gōng
继夜。每行巡狩，辄献 上赋颂，朝 廷有大议，使难问 公

qīng biàn lùn yú qián shǎng cì ēn chǒng shèn wò　gù zì yǐ èr shì cái shù　wèi bù guò
卿，辩论于前，赏赐恩宠 甚渥。固自以二世才术，位不过

láng　gǎn dōng fāng shuò yáng xióng zì lùn　yǐ bù zāo sū zhāng fàn cài zhī shí zuò
郎，感东方朔、杨 雄自论，以不遭苏、张、范、蔡②之时，作

bīn xì　yǐ zì tōng yān　hòu qiān xuán wǔ sī mǎ　tiān zǐ huì zhū rú jiǎng lùn　wǔ
《宾戏》以自通焉。后迁 玄武司马③。天子会诸儒讲论《五

jīng　zuò bái hǔ tōng dé lùn　lìng gù zhuàn jí qí shì
经》，作《白虎通德论》，令固 撰集其事。

shí běi chán yú qiǎn shǐ gòng xiàn　qiú yù hé qīn　zhàowèn qún liáo　yì zhě huò yǐ
时北单于遣使贡 献，求欲和亲，诏问群僚。议者或以

wéi xiōng nú biàn zhà zhī guó　wú nèi xiàng zhī xīn　tú yǐ wèi hàn wēi líng　bī dàn nán
为"匈奴变诈之国，无内向之心，徒以畏汉威灵，逼惮南

lǔ④　gù xī wàng bào mìng　yǐ ān qí lí pàn　jīn ruò qiǎn shǐ　kǒng shī nán lǔ qīn
虏④，故希望 报命，以安其离叛。今若遣使，恐失南虏亲

fù zhī huān　ér chéng běi dí cāi zhà zhī jì　bù kě　gù yì yuē　qiè zì wéi sī
附之欢，而成北狄猜诈之计，不可"。固议曰："窃自惟思，

hàn xīng yǐ lái　kuàng shì lì nián bīng chán yí dí　yóu shì xiōng nú　suí yù zhī fāng
汉兴已来，旷世历年，兵 缠夷狄，尤事匈奴。绥御之方⑤，

----

①相如、寿王、东方：司马相如、吾丘寿王和东方朔。他们都是善作赋论的大家。　②苏、张、范、蔡：战国时期的纵横之士苏秦、张仪、范雎、蔡泽。　③玄武司马：主管玄武门的军事戒备。　④南虏：南匈奴，当时依附汉朝。　⑤绥御之方：应对匈奴的方略。

其涂不一，或修文以和之，或用武以征之，或卑下以就之，

或臣服而致之。虽屈申无常，所因时异，然未有拒绝弃

放，不与交接者也。故自建武之世，复修旧典，数出重使，

前后相继，至于其末，始乃暂绝①。永平②八年，复议通之。

而廷争连日，异同纷回，多执其难，少言其易。先帝圣德

远览，瞻前顾后，遂复出使，事同前世。以此而推，未有一

世阙而不修者也。今乌桓就阙，稽首译官，康居、月氏，自

远而至，匈奴离析，名王来降，三方归服，不以兵威，此

诚国家通于神明自然之征也③。臣愚以为宜依故事，复

遣使者，上可继五凤、甘露致远人之会，下不失建武、永

平羁縻之义④。虏使再来，然后一往，既明中国主在忠

信，且知圣朝礼义有常，岂可逆诈示猜，孤其善意⑤乎？

---

①建武：光武帝年号。重使：官职高的使者。　②永平：汉明帝年号。　③就阙：臣服。月氏：古时西北少数民族。稽首：古时一种跪拜礼，叩头到地。　④五凤、甘露：汉宣帝年号。羁縻：笼络牵制藩属。　⑤孤其善意：使其善意得不到回报。

后汉书诵读本

绝之未知其利，通之不闻其害。设后北虏稍强，能为风

尘①，方复求为交通，将何所及？不若因今施惠，为策

近长。”

固又作《典引篇》，述叙汉德。以为相如《封禅》，靡而

不典，杨雄《美新》，典而不实，盖自谓得其致焉②。

……

固后以母丧去官。永元③初，大将军窦宪出征匈

奴，以固为中护军，与参议。北单于闻汉军出，遣使款居

延塞④，欲修呼韩邪故事，朝见天子，请大使。宪上遣固

行中郎将事，将数百骑与虏使俱出居延塞迎之。会南

匈奴掩破北庭，固至私渠海，闻虏中乱，引还。及窦宪

败，固先坐免官。

固不教学诸子，诸子多不遵法度，吏人苦之。初，洛阳

---

①能为风尘：扰乱边境。　②靡而不典：文辞虽靡丽，然行文少用古典。典而不实：文虽典则，然其事多虚伪。
③永元：汉和帝年号。　④款居延塞：到达居延塞，向汉朝臣服。款，到达。

令种兢尝行,固奴干其车骑,吏椎呼之,奴醉骂,兢大怒,畏宪不敢发,心衔之①。及窦氏宾客皆逮考,兢因此捕系固,遂死狱中。时年六十一。诏以谴责兢,抵主者吏罪。

固所著《典引》、《宾戏》、《应讥》、诗、赋、铭、诔、颂、书、文、记、论、议、六言,在者凡四十一篇。

论曰:司马迁、班固父子,其言史官载籍之作,大义粲然著矣。议者咸称二子有良史之才。迁文直而事核,固文赡而事详②。若固之序事,不激诡,不抑抗,赡而不秽,详而有体,使读之者亹亹而不厌,信哉其能成名也③。彪、固讥迁,以为是非颇谬于圣人④。然其论议常排死节,否正直⑤,而不叙杀身成仁之为美,则轻仁义,贱守节愈矣。固伤迁博物洽闻,不能以智免极刑;然亦身陷大戮,

①干:冒犯。心衔之:怀恨在心。 ②直:直白而不婉转。赡:富丽。 ③不激诡:不激扬文字,不毁损别人。不抑抗:不贬低某人,也不抬高某人。亹亹:勤勉不倦的样子。 ④是非颇谬于圣人:判断是非的标准与圣人有所乖违。
⑤排死节,否正直:贬斥正直有节操的能杀身成仁的义士。

45

zhì jí zhī ér bù néng shǒu zhī　　wū hū　gǔ rén suǒ yǐ zhì lùn yú mù jié　yě

智及之而不能 守之。呜呼,古人所以致论于目睫^①也!

　　　　　zàn yuē　èr bān huái wén　cái chéng dì fén　　　bǐ liáng qiān dǒng jiān lì qīng

　　赞曰:二班怀文,裁 成 帝坟^②。比良 迁、董,兼丽卿、

yún　　　biāo shí huáng mìng　gù mí shì fēn

云^③。彪识 皇 命,固迷世纷^④。

---

①目睫:当前之事。 ②裁成帝坟:写成了皇皇巨著。 ③比良迁、董,兼丽卿、云:与董狐、司马迁、司马相如和扬雄媲美。 ④固迷世纷:班固被纷纭的世事迷乱了眼睛。

杨震传（节选）

杨震字伯起，弘农华阴人也。八世祖喜，高祖时有功，封赤泉侯①。高祖敞，昭帝时为丞相，封安平侯。父宝，习《欧阳尚书》。哀、平之世，隐居教授。居摄二年，与两龚、蒋诩俱征，遂遁逃，不知所处②。光武高其节。建武中，公车特征，老病不到，卒于家。

震少好学，受《欧阳尚书》于太常桓郁，明经博览，无不穷究。诸儒为之语曰："关西孔子杨伯起。"常客居于湖，不答州郡礼命数十年，众人谓之晚暮，而震志愈笃。后有冠雀衔三鳣鱼③，飞集讲堂前，都讲取鱼进曰："蛇鳣者，卿大夫服之象也。数三者，法三台也。先生自此升

---

①封赤泉侯：垓下之围时，项羽溃围逃入大泽中。杨喜追杀项羽有功，被封为赤泉侯。②居摄：王莽摄政。两龚、蒋诩：龚胜、龚舍和蒋诩均为高节之士。③鳣鱼：鲟鱼和鳇鱼的古称。

47

矣。"年五十，乃始仕州郡。

　　大将军邓骘闻其贤而辟之，举茂才，四迁荆州刺史、东莱太守。当之郡，道经昌邑①，故所举荆州茂才王密为昌邑令，谒见，至夜怀金十斤以遗震。震曰："故人知君，君不知故人，何也?"密曰："暮夜无知者。"震曰："天知，神知，我知，子知。何谓无知!"密愧而出。后转涿郡太守。性公廉，不受私谒。子孙常蔬食步行，故旧长者或欲令为开产业，震不肯，曰："使后世称为清白吏子孙，以此遗之，不亦厚乎!"

　　元初四年，征入为太仆，迁太常②。先是博士选举多不以实，震举荐明经名士陈留杨伦等，显传学业，诸儒称之。

　　永宁元年，代刘恺为司徒。明年，邓太后崩，内宠

后汉书诵读本

---

48 ①昌邑：今山东济宁金乡。②太仆：掌管天子的车马。太常：掌管礼仪祭祀。

始横。安帝乳母王圣，因保养之勤，缘恩放恣；圣子女

伯荣出入宫掖，传通奸赂。震上疏曰："臣闻政以得贤

为本，理以去秽为务。是以唐虞俊乂①在官，四凶流放，天

下咸服，以致雍熙。方今九德未事，嬖幸充庭。阿母王

圣出自贱微，得遭千载，奉养圣躬，虽有推燥居湿之勤，

前后赏惠，过报劳苦，而无厌之心，不知纪极，外交属托，

扰乱天下，损辱清朝，尘点②日月。《书》诫牝鸡牡鸣，

《诗》刺哲妇丧国③。昔郑严公从母氏之欲④，恣骄弟之

情，几至危国，然后加讨，《春秋》贬之，以为失教。夫女子

小人，近之喜，远之怨，实为难养⑤。《易》曰：'无攸遂，在

中馈。'言妇人不得与于政事也。宜速出阿母，令居外舍，

断绝伯荣，莫使往来，令恩德两隆，上下俱美。惟陛下绝

①俊乂：才德过人。　②尘点：以尘埃污黑。　③牝鸡牡鸣：母鸡像公鸡一样打鸣，形容家业凋败。牝，雌。牡，雄。哲妇丧国：出自《诗经·大雅·瞻卬》："哲夫成城，哲妇倾城。"指褒姒因宠幸而弄权，导致西周灭亡。　④郑严公从母氏之欲：春秋时，郑庄公的母亲宠爱弟弟京城大叔，一再答应母亲为弟弟的过分请求，导致大叔有觊觎之心。　⑤夫女子小人，近之喜，远之怨，实为难养：孔子曰："唯女子与小人为难养也，近之则不逊，远之则怨。"

后汉书诵读本

49

婉娈之私，割不忍之心，留神万机，诚慎拜爵，减省献御，损节征发①。令野无《鹤鸣》之叹，朝无《小明》之悔，《大东》不兴于今，劳止不怨于下②。拟踪往古，比德哲王，岂不休哉！"奏御，帝以示阿母等，内幸皆怀忿恚③。而伯荣骄淫尤甚，与故朝阳侯刘护从兄瑰交通，瑰遂以为妻，得袭护爵，位至侍中。震深疾之，复诣阙上疏曰："臣闻高祖与群臣约，非功臣不得封，故经制父死子继，兄亡弟及，以防篡也。伏见诏书封故朝阳侯刘护再从兄瑰袭护爵为侯。护同产弟威，今犹见在。臣闻天子专封封有功，诸侯专爵爵有德。今瑰无佗④功行，但以配阿母女，一时之间，既位侍中，又至封侯，不稽旧制，不合经义，行人喧

①绝婉娈之私：不要贪恋女色。不忍之心：过度报答阿母王圣之心。②《鹤鸣》之叹：《诗经·小雅·鹤鸣》："鹤鸣于九皋，声闻于野。"鹤鸣，比喻隐居贤士之叹。朝无《小明》之悔：《诗经·小雅·小明》，《毛诗序》认为"大夫悔仕于乱也"。意为朝臣不后悔在朝中做官。《大东》不兴于今：《诗经·小雅·大东》："小东大东，杼柚其空。"郑玄注曰："小亦于东，大亦于东，言赋敛多也。"杼柚，指织布机。意为朝廷应该阻止地方横征赋敛。劳止不怨于下：《诗经·大雅·民劳》："民亦劳止，汔可小康。"意为人们不因无止境地劳作而怨声载道。③忿恚：怨恨。④佗：通"他"，代词。《正字通·人部》："佗，与他、它通。"

哗,百姓不安。陛下宜览镜既往,顺帝之则。"书奏不省。

延光二年,代刘恺为太尉。帝舅大鸿胪耿宝荐中常侍李闰兄于震,震不从。宝乃自往候震曰:"李常侍国家所重,欲令公辟其兄,宝唯传上意耳。"震曰:"如朝廷欲令三府辟召,故宜有尚书敕①。"遂拒不许,宝大恨而去。皇后兄执金吾②阎显亦荐所亲厚于震,震又不从。司空刘授闻之,即辟此二人,旬日中皆见拔擢③。由是震益见怨。

时诏遣使者大为阿母修第,中常侍樊丰及侍中周广、谢恽等更相扇动,倾摇朝廷。震复上疏曰:"臣闻古者九年耕必有三年之储,故尧遭洪水,人无菜色④。臣伏念方今灾害发起,弥弥滋甚,百姓空虚,不能自赡。重以螟蝗,羌虏钞掠,三边震扰,战斗之役至今未息,兵甲

①敕:自上命下之词。②执金吾:戒备宫外水火之灾,兼掌管兵器。③拔擢:提升官职。④菜色:饥荒时只吃菜而呈现出的饥饿的颜色。

后汉书诵读本

军粮不能复给。大司农帑藏①匮乏,殆非社稷安宁之时。

伏见诏书为阿母兴起津城门内第舍,合两为一,连里竟街②,雕修缮饰,穷极巧伎。今盛夏土王,而攻山采石,其大匠左校别部将作合数十处,转相迫促,为费巨亿。

周广、谢恽兄弟,与国无肺腑枝叶之属,依倚近幸奸佞之人,与樊丰、王永等分威共权,属托州郡,倾动大臣。宰司辟召,承望旨意,招来海内贪污之人,受其货赂,至有臧锢弃世之徒③复得显用。白黑溷淆,清浊同源,天下欢哗,咸曰财货上流,为朝结讥④。臣闻师言:'上之所取,财尽则怨,力尽则叛。'怨叛之人,不可复使⑤,故曰:'百姓不足,君谁与足?'惟陛下度之。"丰、恽等见震连切谏不从,无所顾忌,遂诈作诏书,调发司农钱谷、大匠见徒材木,各起家舍、园池、庐观,役费无数。

___

①帑藏:国家府库收藏的钱财。 ②连里竟街:里弄街道都是她的房子。 ③臧锢弃世之徒:流亡的奴仆、被禁锢不得起用的人和流放边远地区的人。 ④为朝结讥:使朝廷蒙受讥刺。 ⑤不可复使:不再依附你,供你驱使。

震因地震，复上疏曰："臣蒙恩备台辅，不能奉宣政化，调和阴阳，去年十二月四日，京师地动。臣闻师言：'地者阴精，当安静承阳。'而今动摇者，阴道盛也。其日戊辰，三者皆土，位在中宫，此中臣近官盛于持权用事之象也。臣伏惟陛下以边境未宁，躬自菲薄，宫殿垣屋倾倚，枝柱而已，无所兴造，欲令远近咸知政化之清流，商邑之翼翼①也。而亲近幸臣，未崇断金②，骄溢逾法，多请徒士，盛修第舍，卖弄威福。道路欢哗，众所闻见。地动之变，近在城郭，殆为此发。又冬无宿雪，春节未雨，百僚燋心，而缮修不止，诚致旱之征也。《书》曰：'僭恒阳若，臣无作威作福玉食。'③唯陛下奋乾刚之德，弃骄奢之臣，以掩诉言之口，奉承皇天之戒，无令威福久移于下。"

---

①商邑之翼翼：出自《诗经·商颂·殷武》："商邑翼翼，四方之极。"此句赞颂商朝政治之清明。　②断金：《周易·系辞上》曰："二人同心，其利断金。"　③僭恒阳若，臣无作威作福玉食：意为只有君王才能作威作福，享受美食，下臣不得如此。

zhèn qián hòu suǒ shàng　zhuǎn yǒu qiè zhì　dì jì bù píng zhī　ér fán fēng děng jiē

震前后所上，转有切至，帝既不平之，而樊丰等皆

cè mù fèn yuàn　jù yǐ qí míng rú　wèi gǎn jiā hài　xún yǒu hé jiān nán zǐ zhào téng yì

侧目愤怨，俱以其名儒，未敢加害。寻有河间男子赵腾诣

què shàng shū　zhǐ chén dé shī　dì fā nù　suì shōu kǎo zhào yù　jié yǐ wǎng shàng bù

阙上书，指陈得失。帝发怒，遂收考诏狱，结以罔上不

dào　　zhèn fù shàng shū jiù zhī yuē　　chén wén yáo shùn zhī shì　jiàn gǔ bàng mù　lì zhī

道①。震复上疏救之曰："臣闻尧舜之世，谏鼓谤木，立之

yú cháo　yīn zhōu zhé wáng　xiǎo rén yuàn lì　zé huán zì jìng dé　suǒ yǐ dá cōng míng

于朝；殷周哲王，小人怨詈②，则还自敬德。所以达聪明，

kāi bù huì　bó cǎi fù xīn　jìn jí xià qíng yě　jīn zhào téng suǒ zuò jī jié bàng yǔ wéi

开不讳，博采负薪，尽极下情也。今赵腾所坐激讦谤语为

zuì　yǔ shǒu rèn fàn fǎ yǒu chā　qǐ wéi kuī chú　quán téng zhī mìng　yǐ yòu chú ráo yú

罪，与手刃犯法有差。乞为亏除，全腾之命，以诱刍荛舆

rén zhī yán　　dì bù xǐng　téng jìng fú shī dū shì

人之言。"帝不省，腾竟伏尸都市。

huì sān nián chūn　dōng xún dài zōng　fán fēng děng yīn chéng yú zài wài　jìng xiū dì

会三年春，东巡岱宗，樊丰等因乘舆在外，竞修第

zhái　zhèn bù yuàn gāo shū zhào dà jiàng lìng shǐ kǎo jiào zhī　dé fēng děng suǒ zhà xià zhào shū

宅，震部掾高舒召大匠令史考校之，得丰等所诈下诏书，

jù zòu　xū xíng huán shàng zhī　fēng děng wén　huáng bù　huì tài shǐ yán xīng biàn nì

具奏，须行还上之。丰等闻，惶怖，会太史言星变逆

xíng　suì gòng zèn zhèn yún　zì zhào téng sǐ hòu　shēn yòng yuàn duì　qiě dèng shì gù lì

行，遂共谮震云："自赵腾死后，深用怨怼；且邓氏故吏，

yǒu huì hèn zhī xīn　jí chē jià xíng huán　biàn shí tài xué　yè qiǎn shǐ zhě cè shōu zhèn tài

有恚恨之心。"及车驾行还，便时太学，夜遣使者策收震太

---

①结以罔上不道：定的罪名是，欺罔皇上，行为不端。　②詈：骂。

54

尉印绶，于是柴门绝宾客。丰等复恶①之，乃请大将军耿宝奏震大臣不服罪，怀恚望，有诏遣归本郡。震行至城西几阳亭，乃慷慨谓其诸子门人曰："死者士之常分。吾蒙恩居上司，疾奸臣狡猾而不能诛，恶②嬖女倾乱而不能禁，何面目复见日月！身死之日，以杂木为棺，布单被裁足盖形，勿归冢次，勿设祭祠。"因饮酖③而卒，时年七十余。弘农太守移良承樊丰等旨，遣吏于陕县留停震丧，露棺道侧，谪震诸子代邮行书④，道路皆为陨涕。

岁余，顺帝即位，樊丰、周广等诛死，震门生虞放、陈翼诣阙追讼震事。朝廷咸称其忠，乃下诏除二子为郎，赠钱百万，以礼改葬于华阴潼亭，远近毕至。先葬十余日，有大鸟高丈余，集震丧前，俯仰悲鸣，泪下沾地，葬毕，乃飞去。郡以状上。时连有灾异，帝感震之枉，乃

①恶：妄加恶名陷害。②恶：厌恶。③酖：同"鸩"，毒酒。④谪震诸子代邮行书：责罚杨震的儿子们在邮亭里投递往来书信。

55

下诏策曰："故太尉震，正直是与，俾匡时政，而青蝇点素，同兹在藩①。上天降威，灾眚②屡作，尔卜尔筮，惟震之故。朕之不德，用彰厥咎，山崩栋折，我其危哉！今使太守丞以中牢具祠，魂而有灵，傥其歆享。"于是时人立石鸟象于其墓所。……

①青蝇点素，同兹在藩：出自《诗经·小雅·青蝇》："营营青蝇，止于樊。岂弟君子，无信谗言。"青蝇点素，青蝇污白为黑，污黑为白。意为朝廷充满了谗佞小人。　②灾眚：灾害。

杜根传

杜根字伯坚，颍川定陵人也。父安，字伯夷，少有志节，年十三入太学，号奇童。京师贵戚慕其名，或遗之书，安不发，悉壁藏①之。及后捕案贵戚宾客，安开壁出书，印封如故，竟不离②其患，时人贵之。位至巴郡太守，政甚有声。

根性方实，好绞直③。永初元年，举孝廉，为郎中。时和熹邓后临朝，权在外戚。根以安帝年长，宜亲政事，乃与同时郎上书直谏。太后大怒，收执根等，令盛以缣囊，于殿上扑杀之④。执法者以根知名，私语行事人使不加力，既而载出城外，根得苏。太后使人检视，根遂诈死，

---

①壁藏：藏在墙壁中。　②离：通"罹"，遭受。　③绞直：性情急躁而性格耿直。　④缣囊：细绢做的大袋子。扑杀：用大棒打死。

三日，目中生蛆，因得逃窜，为宜城山中酒家保①。积

十五年，酒家知其贤，厚敬待之。

及邓氏诛，左右皆言根等之忠。帝谓根已死，乃下诏

布告天下，录其子孙。根方归乡里，征诣公车，拜侍御

史。初，平原郡吏成翊世亦谏太后归政，坐抵罪，与根俱

征，擢为尚书郎，并见纳用。或问根曰："往者遇祸，天

下同义，知故不少，何至自苦如此②？"根曰："周旋民间，非

绝迹之处，邂逅发露，祸及知亲，故不为也③。"顺帝时，稍迁

济阴太守。去官还家，年七十八卒。

翊世字季明，少好学，深明道术。延光中，中常

侍樊丰、帝乳母王圣共谮皇太子，废为济阴王。翊世

连上书讼之，又言樊丰、王圣诬周之状。帝既不从，

---

①酒家保：酒家伙计。　②天下同义：天下人的心思和你一样，都想让邓太后归政于安帝。知故不少：有不少知心朋友和亲戚。　③周旋民间，非绝迹之处：亲朋好友之处，并不是躲藏的最好地方。邂逅发露，祸及知亲，故不为也：一旦走漏了消息，就会危害了亲戚朋友，所以我不能躲在他们家中，而是在酒店当伙计。

而丰等陷以重罪，下狱当死，有诏免官归本郡。及济
阴王立，是为顺帝，司空张晧①辟之。晧以翊世前讼太子
之废，荐为议郎。翊世自以其功不显，耻于受位，自劾②归。
三公比辟，不应。尚书仆射虞诩雅重之，欲引与共参朝
政，乃上书荐之，征拜议郎。后尚书令左雄、仆射郭虔
复举为尚书。在朝正色，百僚敬之。

杜根传

后汉书诵读本

蔡邕传（节选）

蔡邕字伯喈，陈留圉人也。六世祖勋，好黄老，平帝时为郿令。王莽初，授以厌戎连率。勋对印绶仰天叹曰："吾策名汉室，死归其正。昔曾子不受季孙之赐①，况可事二姓哉？"遂携将家属，逃入深山，与鲍宣、卓茂等同不仕新室②。父棱，亦有清白行，谥曰贞定公。

邕性笃孝，母常滞病三年，邕自非寒暑节变，未尝解襟带，不寝寐者七旬③。母卒，庐于冢侧，动静以礼。有菟驯扰其室傍④，又木生连理，远近奇之，多往观焉。与叔父从弟同居，三世不分财，乡党高其义。少博学，师事太

---

①曾子不受季孙之赐：出自《礼记》，曾子临死之时，要求将他睡的席子换掉，因为这席子是季孙氏送的。季孙氏是鲁国的权臣，鲁国国君是傀儡。②新室：王莽篡国后，改国号为"新"。③七旬：七十天。④有菟驯扰其室傍：有温驯的兔子在他家周围玩乐。菟，同"兔"。傍，同"旁"。

fù hú guǎng　　hào cí zhāng　shù shù　tiān wén　miào cāo yīn lǜ
傅胡广。好辞章、数术、天文,妙操音律①。

huán dì shí,zhōng cháng shì xú huáng、zuǒ guàn děng wǔ hóu shàn zì,wén yōng shàn
桓帝时,中常侍徐璜、左悺等五侯擅恣,闻邕善

gǔ qín,suì bái tiān zǐ,chì chén liú tài shǒu dū cù fā qiǎn②。yōng bù dé yǐ,xíng dào
鼓琴,遂白天子,敕陈留太守督促发遣②。邕不得已,行到

yǎn shī,chēng jí ér guī。xián jū wán gǔ,bù jiāo dāng shì。gǎn dōng fāng shuò《kè
偃师,称疾而归。闲居玩古,不交当世。感东方朔《客

nàn》jí yáng xióng、bān gù、cuī yīn zhī tú shè yí yǐ zì tōng,jí zhēn zhuó qún yán,wěi
难》及杨雄、班固、崔骃之徒设疑以自通,及斟酌群言,韪

qí shì③ér jiǎo qí fēi,zuò《shì huì》yǐ jiè lì yún ěr。
其是③而矫其非,作《释诲》以戒厉云尔。……

jiàn níng sān nián,bì sī tú qiáo xuán fǔ,xuán shèn jìng dài zhī。chū bǔ hé píng
建宁三年,辟司徒桥玄府,玄甚敬待之。出补河平

zhǎng。zhào bài láng zhōng,jiào shū dōng guàn。qiān yì láng。yōng yǐ jīng jí qù shèng jiǔ
长。召拜郎中,校书东观。迁议郎。邕以经籍去圣久

yuǎn,wén zì duō miù,sú rú chuān záo,yí wù hòu xué,xī píng sì nián,nǎi yǔ wǔ guān
远,文字多谬,俗儒穿凿,疑误后学,熹平四年,乃与五官

zhōng láng jiàng④táng xī diǎn、guāng lù dà fū yáng cì、jiàn yì dà fū mǎ mì dī、yì láng
中郎将④堂谿典、光禄大夫杨赐、谏议大夫马日磾、议郎

zhāng xùn、hán shuō、tài shǐ lìng shàn yáng děng,zòu qiú zhèng dìng《liù jīng》wén zì。líng
张驯、韩说、太史令单扬等,奏求正定《六经》文字。灵

dì xǔ zhī,yōng nǎi zì shū dān yú bēi,shǐ gōng juān kè lì yú tài xué mén wài。yú shì
帝许之,邕乃自书丹于碑,使工镌刻立于太学门外。于是

hòu rú wǎn xué,xián qǔ zhèng yān。jí bēi shǐ lì,qí guān shì jí mó xiě zhě,chē shèng
后儒晚学,咸取正焉。及碑始立,其观视及摹写者,车乘

---

①妙操音律:精通音律,善于弹琴。②擅恣:擅权妄为。白:禀告。③韪其是:正确的就认定是正确的。④五官中郎将:主管五官郎,秩为二千石。

日千余两①,填塞街陌。

　　初,朝议以州郡相党,人情比周,乃制婚姻之家及两州人士不得对相监临。至是复有三互法,禁忌转密,选用艰难②。幽冀二州,久阙不补。邕上疏曰:"伏见幽、冀旧坏,铠马所出③,比年兵饥,渐至空耗。今者百姓虚县,万里萧条,阙职经时,吏人延属,而三府选举,逾月不定④。臣经⑤怪其事,而论者云'避三互'。十一州有禁,当取二州而已。又二州之士,或复限以岁月,狐疑迟淹,以失事会。愚以为三互之禁,禁之薄者,今但申以威灵,明其宪令,在任之人岂不戒惧,而当坐设三互,自生留阂⑥邪?昔韩安国起自徒中,朱买臣出于幽贱,并以才宜,还守本

---

①两:同"辆"。 ②三互法:婚姻之家及两州人不得交互做官。禁忌转密:禁忌变得更加严密了。选用艰难:朝廷选拔人才更加艰难了。 ③铠马所出:幽冀之人擅做铠甲,此地又出产良马。 ④县:同"悬",百姓呈倒悬之势,意为生活艰难。阙职经时:有些官职空缺了很长时间。 ⑤经:常。 ⑥自生留阂:徒使选拔官员之道阻碍不通。阂,阻碍。

邦①。又张敞亡命，擢授剧州②。岂复顾循三互，继以末制乎？三公明知二州之要，所宜速定，当越禁取能，以救时敝；而不顾争臣之义，苟避轻微之科，选用稽滞，以失其人。臣愿陛下上则先帝，蠲除近禁，其诸州刺史器用可换者，无拘日月三互，以差厥中。"书奏不省。

初，帝好学，自造《皇羲篇》五十章，因引诸生能为文赋者。本颇以经学相招，后诸为尺牍及工书鸟篆者③，皆加引召，遂至数十人。侍中祭酒乐松、贾护，多引无行趋势之徒，并待制鸿都门下，憙陈方俗闾里小事，帝甚悦之，待以不次之位④。又市贾小民，为宣陵孝子者⑤，复数十人，悉除为郎中、太子舍人。时频有雷霆疾风，伤树拔

后汉书诵读本

---

①韩安国起自徒中：韩安国，西汉人，字长孺，因犯法而抵罪，不久，汉景帝派使者拜他为梁内史。朱买臣出于幽贱：西汉人，家贫，靠打柴为生，然诵读不辍，汉武帝拜为会稽太守。 ②张敞亡命，擢授剧州：张敞，西汉人，坐法免为庶人，流亡在外。数月，冀州有贼作乱，汉宣帝擢拔张敞为冀州刺史，冀州乱平。 ③为尺牍及工书鸟篆者：制作尺牍和善于书写篆书、虫书的人。尺牍，书板，长一尺。鸟，字体为鸟虫形，多写于旛旗之上。篆，小篆，秦始皇使程邈所造的字体。 ④趋势：趋炎附势。鸿都门：又称鸿都门学，汉灵帝时创办，地址设在洛阳鸿都门。学生多为地位不高的平民子弟，开设辞赋、小说、尺牍、字画等课程，目的是与当时地位很高的太学对抗。憙：爱好，喜好。 ⑤为宣陵孝子者：愿为汉桓帝的孝子，在宣陵守孝。宣陵，汉桓帝的陵墓。

木，地震、陨雹、蝗虫之害。又鲜卑犯境，役赋及民。六年七月，制书引咎，诏群臣各陈政要所当施行。邕上封事曰：

臣伏读圣旨，虽周成遇风，讯诸执事，宣王遭旱，密勿祗畏，无以或加①。臣闻天降灾异，缘象而至。辟历②数发，殆刑诛繁多之所生也。风者天之号令，所以教人也。夫昭事上帝③，则自怀多福；宗庙致敬，则鬼神以著。国之大事，实先祀典④，天子圣躬所当恭事。臣自在宰府，及备朱衣，迎气五郊，而车驾稀出，四时至敬，屡委有司，虽有解除，犹为疏废⑤。故皇天不悦，显此诸异。《鸿范传》曰："政悖德隐⑥，厥风发屋折木。"《坤》为地道，《易》

①周成遇风，讯诸执事：《尚书·金縢》说，秋稼未收，雷电交加，狂风四起，周宣王向群臣询问是何灾异之象。宣王遭旱，密勿祗畏：《诗经·大雅·云汉》《序》曰："宣王遭旱，侧身修行，欲消去之，故大夫仍叔作《云汉》之诗以美之。"密勿祗畏，勤劳戒惧。②辟历：也作"霹雳"。③昭事上帝：忠诚恭敬地祭祀上帝。④国之大事，实先祀典：古时国家的大事在于祭祀和军事。⑤朱衣：绛红色的衣服，汉代祭祀之服。迎气五郊：天子在立春、立夏、立秋和立冬之日，分别到东郊、南郊、西郊和北郊外迎气，夏末，则祭中央之帝，以导致神气，祈福丰年。车驾稀出：很少亲自去迎气。屡委有司：屡次委托相关人员代替自己去郊祭。解除：谢过。⑥政悖德隐：政治悖乱，道德丧失。

称安贞①。阴气愤盛，则当静反动，法为下叛。夫权不在上，则雹伤物；政有苛暴，则虎狼食人；贪利伤民，则蝗虫损稼。去六月二十八日，太白与月相迫，兵事恶之。鲜卑犯塞，所从来远，今之出师，未见其利。上违天文，下逆人事。诚当博览众议，从其安者。臣不胜愤满，谨条宜所施行七事表左：

一事：明堂月令②，天子以四立及季夏之节，迎五帝于郊，所以导致神气，祈福丰年。清庙祭祀，追往孝敬，养老辟雍③，示人礼化，皆帝者之大业，祖宗所祗奉也。而有司数以蕃国疏丧，宫内产生，及吏卒小污，屡生忌故④。窃见南郊斋戒，未尝有废，至于它祀，辄兴异议。岂南郊卑而它祀尊哉？孝元皇帝策书曰："礼之至敬，莫重于

---

①《坤》为地道，《易》称安贞：《周易·坤》曰："地道也，妻道也。"《周易·象》曰："安贞之吉，应地无疆。" ②明堂月令：天子居明堂，各依其月布政，故云"明堂月令"。 ③辟雍：赡养德高望重老人的地方。 ④产生：生小孩。小污：病死。

祭，所以竭心亲奉，以致肃祗者也。"又元和①故事，复申先典。前后制书，推心恳恻。而近者以来，更任太史。忘礼敬之大，任禁忌之书，拘信小故，以亏大典。《礼》，妻妾产者，斋则不入侧室之门，无废祭之文也。所谓宫中有卒，三月不祭者，谓士庶人数堵之室，共处其中耳，岂谓皇居之旷，臣妾之众哉？自今斋制宜如故典，庶答风霆灾妖之异。

二事：臣闻国之将兴，至言②数闻，内知己政，外见民情。是故先帝虽有圣明之姿，而犹广求得失。又因灾异，援引幽隐，重贤良、方正、敦朴、有道之选，危言极谏，不绝于朝。陛下亲政以来，频年灾异，而未闻特举博选之旨。诚当思省述修旧事③，使抱忠之臣展其狂直，以解《易传》"政悖德隐"之言。

---

①元和：汉章帝年号。 ②至言：兴国之言。 ③述修旧事：追述修订先朝旧典。

三事：夫求贤之道，未必一途，或以德显，或以言扬。

顷者，立朝之士，曾不以忠信见赏，恒被谤讪之诛，遂使群下结口，莫图正辞。郎中张文，前独尽狂言，圣听纳受，以责三司。臣子旷然，众庶解悦。臣愚以为宜擢文右职，以劝忠謇，宣声海内，博开政路①。

四事：夫司隶校尉、诸州刺史，所以督察奸枉，分别白黑者也。伏见幽州刺史杨憙、益州刺史庞芝、凉州刺史刘虔，各有奉公疾奸之心，憙等所纠，其效尤多。余皆枉桡，不能称职。或有抱罪怀瑕，与下同疾，纲网弛纵，莫相举察，公府台阁亦复默然。五年制书，议遣八使，又令三公谣言奏事②。是时奉公者欣然得志，邪枉者忧悸失色。未详斯议，所因寝息③。昔刘向奏曰："夫执狐疑之计者，开群枉之门；养不断之虑者，来谗邪之口。"今始闻善

---

①右职：显职。謇：正直。②谣言奏事：听取民间讥讽朝政的言论，及时上奏。③未详斯议，所因寝息：不知道出于什么原因，这种忠耿的言论再也听不见了。

政，旋复变易，足令海内测度朝政①。宜追定八使，纠举

非法，更选忠清，平章赏罚。三公岁尽，差其殿最，使

吏知奉公之福，营私之祸，则众灾之原庶可塞矣②。

五事：臣闻古者取士，必使诸侯岁贡③。孝武之世，郡

举孝廉，又有贤良、文学之选，于是名臣辈出，文武并兴。

汉之得人，数路而已④。夫书画辞赋，才之小者，匡国理

政，未有其能。陛下即位之初，先涉经术，听政余日，观

省篇章，聊以游意，当代博弈，非以教化取士之本。而诸

生竞利，作者鼎沸。其高者颇引经训风喻之言；下则连偶

俗语，有类俳优⑤；或窃成文，虚冒名氏。臣每受诏于盛

化门，差次录第，其未及者，亦复随辈皆见拜擢。既加之

恩，难复收改，但守奉禄，于义已弘，不可复使理人⑥及仕

---

①旋：立刻。足令海内测度朝政：足以使国人对朝廷的政令产生怀疑。　②差其殿最：考核政绩，评出最好的和最差的。则众灾之原庶可塞矣：将可以堵塞各种灾异的源头。　③必使诸侯岁贡：每年必定使地方诸侯荐举贤士。
④数路而已：有多种途径。　⑤俳优：表演滑稽动作供人取乐的人。　⑥理人：管理群吏。

州郡。昔孝宣会诸儒于石渠，章帝集学士于白虎，通经释义，其事优大，文武之道，所宜从之。若乃小能小善，虽有可观，孔子以为"致远则泥"①，君子故当志其大者。

六事：墨绶长吏，职典理人，皆当以惠利为绩，日月为劳。褒责之科，所宜分明。而今在任无复能省，及其还者，多召拜议郎、郎中②。若器用优美，不宜处之冗散③。如有衅故④，自当极其刑诛。岂有伏罪惧考，反求迁转，更相放效⑤，臧否无章？先帝旧典，未尝有此。可皆断绝，以核真伪。

七事：伏见前一切以宣陵孝子为太子舍人。臣闻孝文皇帝制丧服三十六日，虽继体之君，父子至亲，公卿列臣，受恩之重，皆屈情从制，不敢逾越。今虚伪小人，本非

---

①致远则泥：若用来治理国政，则显得拘泥不堪。 ②在任无复能省：把地方诸事治理得一塌糊涂。还：回到京师。 ③冗散：闲散无事的职位。 ④衅故：犯法。 ⑤更相放效：纷纷效仿奸佞小人的举动。

骨肉，既无幸私之恩，又无禄仕之实，恻隐思慕，情何缘

生①？而群聚山陵，假名称孝，行不隐心，义无所依，至有

奸轨之人，通容其中。桓思皇后祖载之时，东郡有盗人

妻者亡在孝中，本县追捕，乃伏其辜②。虚伪杂秽，难得

胜言。又前至得拜，后辈被遗③；或经年陵次，以暂归见

漏④；或以人自代，亦蒙宠荣⑤。争讼怨恨，凶凶道路。

太子官属，宜搜选令德，岂有但取丘墓凶丑之人？其为

不祥，莫与大焉。宜遣归田里，以明诈伪。

书奏，帝乃亲迎气北郊，及行辟雍之礼。又诏宣陵孝

子为舍人者，悉改为丞尉焉。光和元年，遂置鸿都门学，

画孔子及七十二弟子像。其诸生皆敕州郡三公举用辟

召，或出为刺史、太守，入为尚书、侍中，乃有封侯赐爵

---

①恻隐思慕，情何缘生：装出思慕先帝的悲伤之情，这种悲伤之情从何而来？②祖载：棺柩被装上车。辜：罪。
③后辈被遗：后来的被遗弃。④或经年陵次，以暂归见漏：有的多年才被提拔，一旦因父母之丧归家，朝廷就不再录
用了。⑤或以人自代，亦蒙宠荣：有的让人代替自己的官职，但自己仍然受到殊荣。

者,士君子皆耻与为列焉。

时妖异数见,人相惊扰。其年七月,诏召邕与光禄大夫杨赐、谏议大夫马日磾、议郎张华、太史令单扬诣金商门,引入崇德殿,使中常侍曹节、王甫就问灾异及消改变故所宜施行。邕悉心以对,事在《五行》、《天文志》。

又特诏问曰:"比灾变互生,未知厥咎,朝廷焦心,载怀恐惧。每访群公卿士,庶闻忠言,而各存括囊①,莫肯尽心。以邕经学深奥,故密特稽问,宜披露失得,指陈政要,勿有依违,自生疑讳。具对经术,以皂②囊封上。"邕对曰:

"臣伏惟陛下圣德允明,深悼灾咎,襃臣末学,特垂访及,非臣蝼蚁所能堪副。斯诚输写肝胆出命之秋,岂可以顾患避害,使陛下不闻至戒哉!臣伏思诸异,皆亡国之怪也。天于大汉,殷勤不已,故屡出祅③变,以当谴责,欲令

①括囊:闭口不言。 ②皂:黑色。 ③祅:通"妖"。

后汉书诵读本

人君感悟，改危即安。今灾眚之发，不于它所，远则门垣，近在寺署，其为监戒，可谓至切。蜺堕①鸡化，皆妇人干政之所致也。前者乳母赵娆，贵重天下，生则赀藏侔于天府，死则丘墓逾于园陵，两子受封，兄弟典郡；续以永乐门史霍玉，依阻城社，又为奸邪。今者道路纷纷，复云有程大人者，察其风声，将为国患。宜高为堤防，明设禁令，深惟赵、霍，以为至戒。今圣意勤勤，思明邪正。而闻太尉张颢，为玉所进；光禄勋姓璋②，有名贪浊；又长水校尉赵玹、屯骑校尉盖升，并叨时幸，荣富优足。宜念小人在位之咎，退思引身避贤之福。伏见廷尉郭禧，纯厚老成；光禄大夫桥玄，聪达方直；故太尉刘宠，忠实守正：并宜为谋主，数见访问。夫宰相大臣，君之四体，委任责成，优劣已分，不宜听纳小吏，雕琢大臣③也。又尚

①堕：同"堕"。②姓璋：人名，姓姓名璋。③雕琢大臣：罗织罪名以陷害大臣。

方工技之作，鸿都篇赋之文，可且消息，以示惟忧。《诗》云：'畏天之怒，不敢戏豫。'天戒诚不可戏也。宰府孝廉，士之高选。近者以辟召不慎，切责三公，而今并以小文超取选举，开请托之门，违明王之典，众心不厌①，莫之敢言。臣愿陛下忍而绝之，思惟万机，以答天望。圣朝既自约厉，左右近臣亦宜从化。人自抑损，以塞咎戒，则天道亏满，鬼神福谦矣。臣以愚贛②，感激忘身，敢触忌讳，手书具对。夫君臣不密，上有漏言之戒，下有失身之祸。愿寝③臣表，无使尽忠之吏，受怨奸仇。"章奏，帝览而叹息，因起更衣，曹节于后窃视之，悉宣语左右，事遂漏露。其为邕所裁黜者，皆侧目思报。

初，邕与司徒刘郃素不相平，叔父卫尉质又与将作大匠阳球有隙。球即中常侍程璜女夫也，璜遂使人

---

①不厌：不满，不服气。　②贛：同"戆"，愚也。　③寝：隐藏。

后汉书诵读本

飞章①言邕、质数以私事请托于郃，郃不听，邕含隐切，志欲相中②。于是诏下尚书，召邕诘状。邕上书自陈曰："臣被召，问以大鸿胪刘郃前为济阴太守，臣属吏张宛长休百日，郃为司隶，又托河内郡吏李奇为州书佐，及营护故河南尹羊陟、侍御史胡母班，郃不为用致怨之状。臣征营③怖悸，肝胆涂地，不知死命所在。窃自寻案，实属宛、奇，不及陟、班。凡休假小吏，非结恨之本。与陟姻家，岂敢申助私党？如臣父子欲相伤陷，当明言台阁，具陈恨状所缘。内无寸事，而谤书外发，宜以臣对与郃参验。臣得以学问特蒙褒异，执事秘馆，操管御前，姓名貌状，微简圣心。今年七月，召诣金商门，问以灾异，赍诏④申旨，诱臣使言。臣实愚赣，唯识忠尽，出命忘躯，不顾后害，遂讥刺公卿，内及宠臣。实欲以上对圣问，

---

①飞章：迅急地上奏章，以示事之急切。 ②中：中伤。 ③征营：惶恐不安的样子。 ④赍诏：降下诏书。

救消灾异,规为陛下建康宁之计。陛下不念忠臣直言,宜加掩蔽,诽谤卒至,便用疑怪。尽心之吏,岂得容哉?

诏书每下,百官各上封事,欲以改政思谴,除凶致吉,而言者不蒙延纳之福,旋被陷破之祸。今皆杜口结舌①,以臣为戒,谁敢为陛下尽忠孝乎?臣季父质,连见拔擢,位在上列。臣被蒙恩渥,数见访逮。言事者因此欲陷臣父子,破臣门户,非复发纠奸伏,补益国家者也。臣年四十有六,孤特一身,得托名忠臣,死有余荣,恐陛下于此不复闻至言矣。臣之愚冗,职当咎患,但前者所对,质不及闻,而衰老白首,横见引逮,随臣摧没,并入坑埳,诚冤诚痛。臣一入牢狱,当为楚毒所迫,趣以饮章,辞情何缘复闻?死期垂至,冒昧自陈。愿身当辜戮,匄质不并坐②,则身死之日,更生之年也。惟陛下加餐,为万姓自爱。"于

①杜口结舌:闭口不言。 ②匄质不并坐:乞求赦免叔父蔡质。匄,请求。

是下邕、质于洛阳狱,劾以仇怨奉公①,议害大臣,大不敬,弃市。事奏,中常侍吕强愍②邕无罪,请之,帝亦更思其章,有诏减死一等,与家属髡钳③徒朔方,不得以赦令除。阳球使客追路刺邕,客感其义,皆莫为用。球又赂其部主使加毒害,所赂者反以其情戒邕,故每得免焉。居五原安阳县。

邕前在东观,与卢植、韩说等撰补《后汉记》,会遭事流离,不及得成,因上书自陈,奏其所著十意,分别首目,连置章左。帝嘉其才高,会明年大赦,乃宥④邕还本郡。邕自徒及归,凡九月焉。将就还路,五原太守王智饯之。酒酣,智起舞属邕,邕不为报。智者,中常侍王甫弟也,素贵骄,惭于宾客,诟邕曰:"徒敢轻我!"邕拂衣而去。智衔之,密告邕怨于囚放,谤讪朝廷。内宠恶之。

---

①仇怨奉公:公报私仇。 ②愍:怜恤。 ③髡钳:剃去头发,项戴铁圈。 ④宥:赦免。

邕虑卒不免，乃亡命江海，远迹吴会。往来依太山羊氏，积十二年，在吴。

　　吴人有烧桐以爨①者，邕闻火烈之声，知其良木，因请而裁为琴，果有美音，而其尾犹焦，故时人名曰"焦尾琴"焉。初，邕在陈留也，其邻人有以酒食召邕者，比往而酒以酣焉。客有弹琴于屏，邕至门试潜听之，曰："憘！以乐召我而有杀心，何也？"遂反。将命者告主人曰："蔡君向来，至门而去。"邕素为邦乡所宗，主人遽自追而问其故，邕具以告，莫不怃然②。弹琴者曰："我向鼓弦，见螳螂方向鸣蝉，蝉将去而未飞，螳螂为之一前一却③。吾心耸然，惟恐螳螂之失之也，此岂为杀心而形于声者乎？"邕莞然而笑曰："此足以当之矣④。"

　　中平六年，灵帝崩，董卓为司空，闻邕名高，辟之。

①爨：烧火做饭。　②遽：急忙。怃然：奇怪的样子。　③第一"向"：刚才。第二个"向"：走向。　④此足以当之矣：这就足以说明刚才琴声中暗藏杀机的原因了。

称疾不就。卓大怒，詈曰："我力能族人，蔡邕遂偃蹇者，不旋踵矣①。"又切敕州郡举邕诣府，邕不得已，到，署祭酒，甚见敬重。举高第，补侍御史，又转持书御史，迁尚书。三日之间，周历三台。迁巴郡太守，复留为侍中。

初平元年，拜左中郎将②，从献帝迁都长安，封高阳乡侯。

董卓宾客部曲议欲尊卓比太公③，称尚父。卓谋之于邕，邕曰："太公辅周，受命翦商，故特为其号。今明公威德，诚为巍巍，然比之尚父，愚意以为未可。宜须关东平定，车驾还反旧京，然后议之。"卓从其言。

二年六月，地震，卓以问邕。邕对曰："地动者，阴盛侵阳，臣下逾制之所致也。前春郊天，公奉引车驾，乘金华青盖，爪画两轓，远近以为非宜。"卓于是改乘皂④

①族：灭掉家族。偃蹇：留滞不来。不旋踵：不到一刻。旋踵，形容时间短暂。 ②左中郎将：主管左署郎。
③太公：西周姜太公。 ④皂：同"皂"，黑色。

gài chē
盖车。

zhuó zhòng yōng cái xué　hòu xiāng yù dài　měi jí yàn　zhé lìng yōng gǔ qín zàn shì
卓 重 邕才学,厚相遇待,每集讌,辄令邕鼓琴赞事,

yōng yì měi cún kuāng yì　　rán zhuó duō zì hěn yòng　yōng hèn qí yán shǎo cóng　wèi cóng
邕亦每存匡益①。然卓多自很用②,邕恨其言少从,谓从

dì gǔ yuē　dǒng gōng xìng gāng ér suì fēi　zhōng nán jì yě　wú yù dōng bēn yǎn zhōu
弟谷曰:"董 公 性 刚而遂非,终 难济也。吾欲东奔兖州,

ruò dào yuǎn nán dá　qiě dùn táo shān dōng yǐ dài zhī　hé rú　gǔ yuē　jūn zhuàng yì
若道远难达,且遁逃山 东以待之,何如?"谷曰:"君 状 异

héng rén　měi xíng guān zhě yíng jí　yǐ cǐ zì nì　bù yì nán hū　yōng nǎi zhǐ
恒人③,每行 观者盈集。以此自匿,不亦难乎?"邕乃止。

jí zhuó bèi zhū　yōng zài sī tú wáng yǔn zuò　shū bù yì yán zhī ér tàn　yǒu dòng
及卓被诛,邕在司徒王允坐,殊不意言之而叹,有动

yú sè　yǔn bó rán chì zhī yuē　dǒng zhuó guó zhī dà zéi　jī qīng hàn shì　jūn wéi
于色④。允勃然叱之曰:"董卓国之大贼,几倾汉室。君为

wáng chén　suǒ yí tóng fèn　ér huái qí sī yù　yǐ wàng dà jié　jīn tiān zhū yǒu zuì
王臣,所宜同忿,而怀其私遇,以忘大节!今天诛有罪,

ér fǎn xiāng shāng tòng　qǐ bù gòng wéi nì zāi　jí shōu fù tíng wèi zhì zuì　yōng chén
而反相 伤 痛,岂不共为逆哉?"即收付廷尉治罪。邕陈

cí xiè　qǐ qíng shǒu yuè zú　jì chéng hàn shǐ　shì dà fū duō jīn　jiù zhī　bù néng
辞谢,乞黥 首刖足,继成汉史⑤。士大夫多矜⑥救之,不能

dé　tài wèi mǎ mì dī chí wǎng wèi yǔn yuē　bó jiē kuàng shì yì cái　duō shí hàn shì
得。太尉马日磾驰往谓允曰:"伯喈 旷世逸才,多识汉事,

①匡益:匡正卓之过失。②很用:刚愎自用。很,同"很",刚愎。③恒人:平常人。④殊不意言之而叹:不经意间,一谈到董卓之死时就叹息。有动于色:脸上露出悲哀之情。⑤黥首:古代一种刑罚,刻字于犯者面、额、颈等处,以墨染之。刖足:古代砍掉脚的刑罚。⑥矜:哀怜。

后汉书诵读本

79

当续成后史，为一代大典。且忠孝素著，而所坐无名，诛之无乃失人望乎？"允曰："昔武帝不杀司马迁，使作谤书，流于后世。方今国祚中衰，神器不固，不可令佞臣执笔在幼主左右。既无益圣德，复使吾党蒙其讪议。"日碑退而告人曰："王公其不长世乎？善人，国之纪也；制作，国之典也。灭纪废典，其能久乎！"邕遂死狱中。允悔，欲止而不及。时年六十一。搢绅诸儒莫不流涕。北海郑玄闻而叹曰："汉世之事，谁与正之！"兖州、陈留间皆画像而颂焉。

其撰集汉事，未见录以继后史。适作《灵纪》及十意，又补诸列传四十二篇，因李傕之乱，湮没多不存。所著诗、赋、碑、诔、铭、赞、连珠、箴、吊、论议、《独断》、《劝学》、《释诲》、《叙乐》、《女训》、《篆势》、祝文、章表、书记，凡百四篇，传于世。

论曰：意气之感，士所不能忘也。流极①之运，有生所共深悲也。当伯喈抱钳扭，徙幽裔，仰日月而不见照烛，临风尘而不得经过，其意岂及语平日幸全人哉②！及解刑衣，窜欧越，潜舟江壑，不知其远，捷步深林，尚苦不密，但愿北首旧丘③，归骸先垄，又可得乎？董卓一旦入朝，辟书先下，分明枉结，信宿三迁。匡导既申，狂僭屡革，资《同人》之先号，得北叟之后福④。属其庆者，夫岂无怀⑤？君子断刑，尚或为之不举⑥，况国宪仓卒，虑不先图，矜情变容，而罚同邪党？执政乃追怨子长谤书流后，放此为戮，未或闻之典刑。

赞曰：季长戚氏，才通情侈⑦。苑囿典文，流悦音伎⑧。

---

①流极：流放。　②临风尘而不得经过：在沙尘天气里而不得暂避一会儿。抱钳扭：戴着枷锁。其意岂及语平日幸全人哉：他不敢想还能像平时那样是一个完整的人。　③北首旧丘：狐死必首丘，狐狸临死之时，头朝向它的巢穴。④《同人》之先号：《周易·同人》曰："先号咷而后笑。"北叟：塞翁，指塞翁失马之事。　⑤属其庆者，夫岂无怀：蔡邕只有在董卓手下才过上几天舒心的日子，怎能不怀念董卓呢？　⑥君子断刑，尚或为之不举：君子在秋天犯人行刑时，心情悲伤，吃素食，不准奏乐，表示对生命的哀怜。　⑦季长戚氏：马融，字季长，是汉明帝皇后马皇后的侄子。才通情侈：有才华，但生活奢侈。⑧流悦音伎：马融在前台给学生讲课，后台让艺伎歌舞。

yōng shí mù jìng　xīn jīng cí qǐ　　chì yán jīn shāng　　nán cú běi xǐ　　jiè liáng huái

邕实慕静，心精辞绮。斥言金商^①，南徂北徙。籍梁怀

dǒng　míng jiāo shēn huǐ

董，名浇身毁^②。

①斥言金商：在金商门上书进谏。　②籍梁怀董：马融依附梁冀，蔡邕怀念董卓。名浇身毁：马融的名声受到人们的诋贬，蔡邕丧失了性命。

82

陈蕃传

陈蕃字仲举，汝南平舆人也。祖河东太守。蕃年十五，尝闲处一室，而庭宇芜秽。父友同郡薛勤来候之，谓蕃曰："孺子何不洒扫以待宾客？"蕃曰："大丈夫处世，当扫除天下，安事一室乎！"勤知其有清世志，甚奇之。

初仕郡，举孝廉，除郎中。遭母忧，弃官行丧。服阕，刺史周景辟别驾从事，以谏争不合，投传而去①。后公府辟举方正，皆不就。

太尉李固表荐，征拜议郎，再迁为乐安太守。时李膺为青州刺史，名有威政，属城闻风，皆自引去，蕃独以清绩留。郡人周璆，高洁之士。前后郡守招命莫肯至，唯蕃

---

①争，通"诤"，进谏，直言劝告。传：符信。

néng zhì yān   zì ér bù míng   tè wèi zhì yī tà   qù zé xuán zhī   qiú zì mèng yù
能致焉。字而不名，特为置一榻，去则县之。璆字孟玉，

lín jǐ rén   yǒu měi míng   mín yǒu zhào xuān zàng qīn ér bù bì yán suì   yīn jū qí
临济人，有美名。民有赵宣葬亲而不闭埏隧①，因居其

zhōng xíng fú èr shí yú nián   xiāng yì chēng xiào   zhōu jùn shuò lǐ qǐng zhī   jùn nèi yǐ jiàn
中，行服二十余年，乡邑称孝，州郡数礼请之。郡内以荐

fān   fān yǔ xiāng jiàn   wèn jí qī zǐ   ér xuān wǔ zǐ jiē fú zhōng suǒ shēng   fān dà
蕃，蕃与相见，问及妻子，而宣五子皆服中所生②。蕃大

nù yuē   shèng rén zhì lǐ   xián zhě fǔ jiù   bù xiào qǐ jí   qiě jì bù yù shuò   yǐ
怒曰："圣人制礼，贤者俯就，不肖企及。且祭不欲数，以

qí yì dú gù yě   kuàng nǎi qǐn sù zhǒng cáng   ér yùn yù qí zhōng   kuáng shí huò
其易黩故也③。况乃寝宿冢藏，而孕育其中，诳时惑

zhòng   wū wū guǐ shén hū   suì zhì qí zuì
众，诬污鬼神乎？"遂致其罪。

dà jiāng jūn liáng jì wēi zhèn tiān xià   shí qiǎn shū yì fān   yǒu suǒ qǐng tuō   bù dé
大将军梁冀威震天下，时遣书诣蕃，有所请托，不得

tōng   shǐ zhě zhà qiú yè   fān nù   chī shā zhī   zuò zuǒ zhuǎn xiū wǔ lìng   shāo qiān   bài
通，使者诈求谒，蕃怒，笞杀之，坐左转修武令。稍迁，拜

shàng shū
尚书。

shí líng líng   guì yáng shān zéi wéi hài   gōng qīng yì qiǎn tǎo zhī   yòu zhào xià zhōu jùn
时零陵、桂阳山贼为害，公卿议遣讨之，又诏下州郡，

yī qiè jiē dé jǔ xiào lián   mào cái   fān shàng shū bó zhī yuē   xī gāo zǔ chuàng yè
一切皆得举孝廉、茂才。蕃上疏驳之曰："昔高祖创业，

wàn bāng xī jiān   fǔ yǎng bǎi xìng   tóng zhī chì zǐ   jīn èr jùn zhī mín   yì bì xià chì
万邦息肩，抚养百姓，同之赤子。今二郡之民，亦陛下赤

---

①埏隧：墓道。　②宣五子皆服中所生：赵宣居墓道服丧期间生了五个孩子。　③且祭不欲数，以其易黩故也：《礼记》曰："祭不欲数，数则烦，烦则不敬。"数，频繁。黩，轻慢不敬。

子也。致令赤子为害，岂非所在贪虐，使其然乎？宜严敕

三府，隐核牧守令长，其有在政失和，侵暴百姓者，即便

举奏，更选清贤奉公之人，能班宣法令情在爱惠者，可

不劳王师，而众贼弭息矣。又三署郎吏二千余人，三府

掾属过限未除，但当择善而授之，简恶而去之。岂烦一切

之诏，以长请属之路乎！"以此忤左右，故出为豫章太守。

性方峻①，不接宾客，士民亦畏其高。征为尚书令，送者

不出郭门。

迁大鸿胪。会白马令李云抗疏谏，桓帝怒，当伏重

诛。蕃上书救云，坐免归田里。

复征拜议郎，数日迁光禄勋。时封赏逾制，内宠猥

盛，蕃乃上疏谏曰："臣闻有事社稷者，社稷是为；有事人

君者，容悦是为。今臣蒙恩圣朝，备位九列，见非不谏，

①性方峻：性情刚正严厉。

则容悦也。夫诸侯上象四七①，垂耀在天，下应分土，藩屏上国。高祖之约，非功臣不侯。而闻追录河南尹邓万世父遵之微功，更爵尚书令黄俊先人之绝封，近习以非义授邑，左右以无功传赏，授位不料其任，裂土莫纪其功，至乃一门之内，侯者数人，故纬象失度，阴阳谬序，稼用不成，民用不康。臣知封事已行，言之无及，诚欲陛下从是而止。又比年收敛，十伤五六，万人饥寒，不聊生活，而采女②数千，食肉衣绮，脂油粉黛，不可赀计。鄙谚言'盗不过五女门'，以女贫家也③。今后宫之女，岂不贫国乎！是以倾宫嫁而天下化，楚女悲而西宫灾④。且聚而不御⑤，必生忧悲之感，以致并隔水旱之困。夫狱以禁止奸违，官以称才理物。若法亏于平，官失其人，则王道有

①四七：二十八星宿。 ②采女：身穿彩绮之服的女子。 ③以女贫家也：因为女子多而至家贫也。 ④倾宫嫁而天下化：商纣王作倾宫，采天下美女充斥其中。武王伐纣，将宫女放出，嫁给了各地诸侯，此仁义之举感化了天下。楚女悲而西宫灾：春秋时，齐桓公霸天下，胁迫鲁僖公废除嫡夫人楚女，而以齐女为嫡夫人。楚女废居西宫，不被恤爱，遂生悲愁怨旷。 ⑤聚而不御：采纳如此多的宫女，却无暇去幸御她们。

86

缺。而令天下之论,皆谓狱由怨起,爵以贿成。夫不有臭秽,则苍蝇不飞。陛下宜采求失得,择从忠善。尺一选举①,委尚书三公,使褒责诛赏,各有所归,岂不幸甚!"帝颇纳其言,为出宫女五百余人,但赐俊爵关内侯,而万世南乡侯。

延熹六年,车驾幸广成校猎。蕃上疏谏曰:"臣闻人君有事于苑囿,唯仲秋西郊,顺时讲武,杀禽助祭②,以敦孝敬。如或违此,则为肆纵。故皋陶戒舜'无教逸游',周公戒成王'无盘于游田'③。虞舜、成王犹有此戒,况德不及二主者乎!夫安平之时,尚宜有节,况当今之世,有三空之厄哉!田野空,朝廷空,仓库空,是谓三空。加兵戎未戢④,四方离散,是陛下焦心毁颜,坐以待旦之时也。岂宜扬旗曜武,骋心舆马之观乎!又秋前多雨,民始种

麦。今失其劝种之时，而令给驱禽除路之役，非贤圣恤

民之意也。齐景公欲观于海，放乎琅邪，晏子为陈百姓恶

闻旌旗舆马之音，举首嚬眉①之感，景公为之不行。周穆

王欲肆车辙马迹，祭公谋父为诵《祈招》之诗，以止其心。

诚恶逸游之害人也。"书奏不纳。

　　自蕃为光禄勋，与五宫中郎将黄琬共典选举，不

偏权富，而为势家郎所谮诉②，坐免归。顷之，征为尚书

仆射，转太中大夫。八年，代杨秉为太尉。蕃让曰："'不

愆不忘，率由旧章'③，臣不如太常胡广。齐七政，训五

典，臣不如议郎王畅。聪明亮达，文武兼姿，臣不如弛

刑徒李膺。"帝不许。

　　中常侍苏康、管霸等复被任用，遂排陷忠良，共

相阿媚。大司农刘祐、廷尉冯绲、河南尹李膺，皆以忤旨，

①举首嚬眉：仰着头皱着眉。　②谮诉：说坏话诬陷别人。　③不愆不忘，率由旧章：不过误，不遗失，循用旧典文章。按，这两句出自《诗经·大雅·假乐》。

为之抵罪。蕃因朝会，固理膺等，请加原宥，升之爵任。

言及反复，诚辞恳切。帝不听，因流涕而起。时小黄门

赵津、南阳大猾张泛等，奉事中官，乘势犯法，二郡太

守刘瓆、成瑨考案其罪，虽经赦令，而并竟考杀之。宦官

怨恚，有司承旨，遂奏瓆、瑨罪当弃市。又山阳太守翟

超，没入中常侍侯览财产，东海相黄浮，诛杀下邳令徐

宣，超、浮并坐髡钳，输作左校。蕃与司徒刘矩、司空刘茂

共谏请瓆、瑨、超、浮等，帝不悦。有司劾奏之，矩、茂不敢

复言。蕃乃独上疏曰："臣闻齐桓修霸，务为内政；《春

秋》于鲁，小恶必书。宜先自整敕，后以及人。今寇贼在

外，四支①之疾；内政不理，心腹之患。臣寝不能寐，食不

能饱，实忧左右日亲，忠言以疏，内患渐积，外难方深。

陛下超从列侯，继承天位②。小家畜产百万之资，子孙尚

①四支：四肢。　②陛下超从列侯，继承天位：汉桓帝以蠡(lí)吾侯登上帝位。

后汉书诵读本

耻愧失其先业，况乃产兼天下，受之先帝，而欲懈怠以自轻忽乎？诚不爱己，不当念先帝得之勤苦邪？前梁氏五侯，毒遍海内，天启圣意，收而戮之，天下之议，冀当小平。明鉴未远，覆车如昨，而近习之权，复相扇结。小黄门赵津、大猾张泛等，肆行贪虐，奸媚左右，前太原太守刘瓆、南阳太守成瑨，纠而戮之。虽言赦后不当诛杀，原其诚心，在乎去恶。至于陛下，有何悁悁①？而小人道长，营惑圣听，遂使天威为之发怒。如加刑谪，已为过甚，况乃重罚，令伏欧刀乎②！又前山阳太守翟超、东海相黄浮，奉公不桡，疾恶如仇，超没侯览财物，浮诛徐宣之罪，并蒙刑坐，不逢赦恕。览之从横③，没财已幸；宣犯衅过，死有余辜。昔丞相申屠嘉召责邓通，洛阳令董宣折辱公主，而文帝从而请之，光武加以重赏，未闻二臣有专

①悁悁：气愤。　②谪：谴责。欧刀：古时欧冶子善做剑，其剑称为欧刀，后来借指行刑的刀。　③从横：飞扬跋扈。从，同"纵"。

命之诛。而今左右群竖，恶伤党类，妄相交构，致此刑

谴。闻臣是言，当复啼诉。陛下深宜割塞近习豫政①之

源，引纳尚书朝省之事，公卿大官，五日一朝，简练清

高，斥黜佞邪。如是天和于上，地洽于下，休祯符瑞，岂远

乎哉！陛下虽厌毒臣言，凡人主有自勉强，敢以死陈。"帝

得奏愈怒，竟无所纳。朝廷众庶莫不怨之。宦官由此

疾蕃弥甚，选举奏议，辄以中诏谴却，长史已下多至抵

罪。犹以蕃名臣，不敢加害。瑨字文理，高唐人。瑶字幼

平，陕人。并有经术称，处位敢直言，多所搏击，知名当

时，皆死于狱中。

九年，李膺等以党事下狱考实。蕃因上疏极谏曰：

"臣闻贤明之君，委心辅佐②；亡国之主，讳闻直辞③。故

汤武虽圣，而兴于伊吕；桀纣迷惑，亡在失人。由此言之，

①近习豫政：宦官干预政治。　②委心辅佐：信任辅佐大臣。　③讳闻直辞：忌讳听到直谏忠言。

君为元首，臣为股肱，同体相须，共成美恶者也。伏见前司隶校尉李膺、太仆杜密、太尉掾范滂等，正身无玷，死心社稷。以忠忤旨，横加考案，或禁锢闭隔，或死徙非所。杜塞天下之口，聋盲一世之人，与秦焚书坑儒，何以为异？昔武王克殷，表闾封墓①，今陛下临政，先诛忠贤。遇善何薄？待恶何优？夫谗人似实，巧言如簧，使听之者惑，视之者昏。夫吉凶之效，存乎识善；成败之机，在于察言。人君者，摄天地之政，秉四海之维，举动不可以违圣法，进退不可以离道规。谬言出口，则乱及八方，何况髡无罪于狱，杀无辜于市乎！昔禹巡狩苍梧，见市杀人，下车而哭之曰：'万方有罪，在予一人！'故其兴也勃焉。又青、徐炎旱，五谷损伤，民物流迁，茹菽②不足。而宫女积于房掖，国用尽于罗纨，外戚私门，贪财受赂，所谓'禄去

---

①表闾封墓：周武王灭掉商朝之后，立即派毕公去问候商之贤臣商容，派闳夭去修理比干之墓。 ②茹菽：粮食和豆类。

公室，政在大夫'。昔春秋之末，周德衰微，数十年间无复灾眚者，天所弃也。天之于汉，恨恨①无已，故殷勤示变，以悟陛下。除妖去孽，实在修德。臣位列台司，忧责深重，不敢尸禄惜生②，坐观成败。如蒙采录，使身首分裂，异门而出，所不恨也。"帝讳其言切，托以蕃辟召非其人，遂策免之。

永康元年，帝崩。窦后临朝，诏曰："夫民生树君，使司牧之，必须良佐，以固王业。前太尉陈蕃，忠清直亮。其以蕃为太傅，录尚书事。"时新遭大丧，国嗣未立，诸尚书畏惧权官，托病不朝。蕃以书责之曰："古人立节，事亡如存。今帝祚未立，政事日蹙，诸君奈何委荼蓼③之苦，息偃在床？于义不足，焉得仁乎！"诸尚书惶怖，皆起视事。

①恨恨：眷念。 ②尸禄惜生：白白地拿俸禄而不做实事，又贪生怕死。 ③荼蓼：苦菜和辛辣的植物，比喻辛苦之事。

灵帝即位，窦太后复优诏蕃曰："盖褒功以劝善，表义以厉俗，无德不报，《大雅》所叹。太傅陈蕃，辅弼先帝，出内^①累年。忠孝之美，德冠本朝；謇愕之操，华首^②弥固。今封蕃高阳乡侯，食邑三百户。"蕃上疏让曰："使者即臣庐，授高阳乡侯印绶，臣诚悼心，不知所裁。臣闻让，身之文，德之昭也，然不敢盗以为名。窃惟割地之封，功德是为。臣孰^③自思省，前后历职，无它异能，合亦食禄，不合亦食禄。臣虽无素絜之行，窃慕'君子不以其道得之，不居也'。若受爵不让，掩面就之，使皇天震怒，灾流下民，于臣之身，亦何所寄？顾惟陛下哀臣朽老，戒之在得。"窦太后不许，蕃复固让，章前后十上，竟不受封。

初，桓帝欲立所幸田贵人为皇后。蕃以田氏卑微，窦族良家，争之甚固。帝不得已，乃立窦后。及后临朝，

---

①出内：出纳朕命。内，同"纳"。②华首：头发花白。③孰：同"熟"。

故委用于蕃。蕃与后父大将军窦武，同心尽力，征用名贤，共参政事，天下之士，莫不延颈想望太平。而帝乳母赵娆，旦夕在太后侧，中常侍曹节、王甫等与共交构，谄事太后。太后信之，数出诏命，有所封拜，及其支类，多行贪虐。蕃常疾之，志诛中官，会窦武亦有谋。蕃自以既从人望而德于太后，必谓其志可申，乃先上疏曰："臣闻言不直而行不正，则为欺乎天而负乎人。危言极意，则群凶侧目，祸不旋踵。钧此二者，臣宁得祸，不敢欺天也。今京师嚣嚣，道路喧哗，言侯览、曹节、公乘昕、王甫、郑飒等与赵夫人诸女尚书①并乱天下。附从者升进，忤逆者中伤。方今一朝群臣，如河中木耳，泛泛东西，耽禄畏害。陛下前始摄位，顺天行诛，苏康、管霸并伏其辜。是时天地清明，人鬼欢喜，奈何数月复纵左右？元恶大

①女尚书：宫内官名。

奸，莫此之甚。今不急诛，必生变乱，倾危社稷，其祸难量。

愿出臣章宣示左右，并令天下诸奸知臣疾之。"太后不纳，

朝廷闻者莫不震恐。蕃因与窦武谋之，语在《武传》。

及事泄，曹节等矫诏诛武等。蕃时年七十余，闻难

作，将官属诸生八十余人，并拔刃突入承明门，攘臂①呼

曰："大将军忠以卫国，黄门反逆，何云窦氏不道邪？"王

甫时出，与蕃相迕②，适闻其言，而让蕃曰："先帝新弃天

下，山陵未成，窦武何功，兄弟父子，一门三侯？又多取

掖庭宫人，作乐饮讌，旬月之间，赀财亿计。大臣若此，是

为道邪？公为栋梁，枉桡阿党，复焉求贼！"遂令收蕃。

蕃拔剑叱甫，甫兵不敢近，乃益人围之数十重，遂执蕃送

黄门北寺狱。黄门从官驺蹋蹴蕃曰③："死老魅！复能

损我曹员数，夺我曹禀假不④？"即日害之。徙其家属于比

---

①攘臂：捋起袖子，露出手臂。②迕：遇。③驺：跟随皇帝左右的骑士。蹋蹴：用脚踢。④曹：部门。禀假：奉给及借贷。

景，宗族、门生、故吏皆斥免禁锢。

蕃友人陈留朱震，时为铚令，闻而弃官哭之，收葬蕃尸，匿其子逸于甘陵界中。事觉系狱，合门桎梏。震受考掠，誓死不言，故逸得免。后黄巾贼起，大赦党人，乃追还逸，官至鲁相。

震字伯厚，初为州从事，奏济阴太守单匡臧罪，并连匡兄中常侍车骑将军超。桓帝收匡下廷尉，以谴超，超诣狱谢。三府谚曰："车如鸡栖马如狗，疾恶如风朱伯厚。"

论曰：桓、灵之世，若陈蕃之徒，咸能树立风声，抗论惛①俗。而驱驰崄厄之中，与刑人腐夫同朝争衡，终取灭亡之祸者，彼非不能絜情志，违埃雾也②。愍夫世士以离俗为高，而人伦莫相恤也。以遁世为非义，故屡退而不

①惛：糊涂。②刑人腐夫：宦官。违埃雾：避混乱污浊。

qù yǐ rén xīn wéi jǐ rèn suī dào yuǎn ér mí lì   jí zāo jì huì xié cè dòu wǔ
去；以仁心为己任，虽道远而弥厉。及遭际会，协策窦武，

zì wèi wàn shì yī yù yě   lǐn lǐn hū yī wàng zhī yè yǐ   gōng suī bù zhōng rán
自谓万世一遇也。懔懔乎伊、望①之业矣！功虽不终，然

qí xìn yì zú yǐ xié chí mín xīn   hàn shì luàn ér bù wáng bǎi yú nián jiān shǔ gōng zhī
其信义足以携持民心。汉世乱而不亡，百余年间，数公之

lì yě
力也。

后汉书诵读本

①伊、望：伊尹和吕望。

范滂传（节选）

范滂字孟博，汝南征羌人也。少厉清节，为州里所服，举孝廉、光禄四行①。时冀州饥荒，盗贼群起，乃以滂为清诏使，案察之。滂登车揽辔，慨然有澄清天下之志②。及至州境，守令自知臧污，望风解印绶去。其所举奏，莫不厌塞众议。迁光禄勋主事。时陈蕃为光禄勋，滂执公仪诣蕃，蕃不止之，滂怀恨，投版弃官而去。郭林宗闻而让蕃曰："若范孟博者，岂宜以公礼格③之？今成其去就之名，得无自取不优之议也？"蕃乃谢焉。

复为太尉黄琼所辟。后诏三府掾属举谣言，滂奏刺史、二千石权豪之党二十余人。尚书责滂所劾猥④多，疑

---

①四行：光禄征举有敦厚、质朴、逊让和节俭四种品行的人。②滂登车揽辔，慨然有澄清天下之志：范滂高高地驾着马车，有将天下治理得清明太平的远大志向。③格：正。④猥：庞杂。

有私故。滂对曰："臣之所举，自非叨秽奸暴，深为民害，岂以污简札哉！间以会日迫促，故先举所急，其未审者，方更参实。臣闻农夫去草，嘉谷必茂；忠臣除奸，王道以清。若臣言有贰，甘受显戮。"吏不能诘。滂睹时方艰，知意不行，因投劾去。

太守宗资先闻其名，请署功曹，委任政事。滂在职，严整疾恶。其有行违孝悌，不轨仁义者，皆扫迹斥逐，不与共朝。显荐异节，抽拔幽陋①。滂外甥西平李颂，公族子孙，而为乡曲所弃，中常侍唐衡以颂请资，资用为吏。滂以非其人，寝②而不召。资迁怒，捶书佐朱零。零仰曰："范滂清裁，犹以利刃齿腐朽。今日宁受笞死，而滂不可违。"资乃止。郡中中人以下，莫不归怨，乃指滂之所用以为"范党"。

①幽陋：处穷僻之地、地位卑微的人。 ②寝：搁置。

100

后牢修诬言钩党^①，滂坐系黄门北寺狱。狱吏谓曰："凡坐系皆祭皋陶。"滂曰："皋陶贤者，古之直臣。知滂无罪，将理之于帝；如其有罪，祭之何益！"众人由此亦止。

狱吏将加掠考，滂以同囚多婴病，乃请先就格，遂与同郡袁忠争受楚毒^②。桓帝使中常侍王甫以次辨诘，滂等皆三木囊头^③，暴于阶下。余人在前，或对或否，滂、忠于后越次而进。王甫诘曰："君为人臣，不惟忠国，而共造部党，自相褒举，评论朝廷，虚构无端，诸所谋结，并欲何为？皆以情对，不得隐饰。"滂对曰："臣闻仲尼之言，'见善如不及，见恶如探汤'^④。欲使善善同其清，恶恶同其污，谓王政之所愿闻，不悟更以为党。"甫曰："卿更相拔举，迭为唇齿，有不合者，见则排斥，其意如何？"滂乃慷慨仰天曰："古之循善，自求多福；今之循善，身陷大戮。

①钩党：结党。　②婴病：患病。格：古时的一种刑具。　③三木囊头：脖子、手、足皆戴上刑具，头被布袋蒙着。
④见善如不及，见恶如探汤：见着善人，极力向他看齐；见到恶人，就像手触着开水，赶紧避开。

范滂传

后汉书诵读本

101

身死之日，愿埋滂于首阳山侧，上不负皇天，下不愧夷、齐①。"甫愍然为之改容。乃得并解桎梏。

滂后事释，南归。始发京师，汝南、南阳士大夫迎之者数千两。同囚乡人殷陶、黄穆，亦免俱归，并卫侍于滂，应对宾客。滂顾谓陶等曰："今子相随，是重②吾祸也。"遂遁还乡里。

初，滂等系狱，尚书霍谞理之。及得免，到京师，往候谞而不为谢。或有让滂者。对曰："昔叔向婴罪，祁奚救之③，未闻羊舌有谢恩之辞，祁老有自伐之色。"竟无所言。

建宁二年，遂大诛党人，诏下急捕滂等。督邮吴导至县，抱诏书，闭传舍，伏床而泣。滂闻之，曰："必为我

---

①夷、齐：伯夷和叔齐两兄弟，古之义士，见武王伐纣，以为以臣伐君，不义，乃不食周粟，饿死于首阳山。　②重：加重。　③叔向婴罪，祁奚救之：叔向叫羊舌肸，是晋国的贤臣，坐弟犯罪而将被范宣子杀掉，老臣祁奚救了叔向。叔向事后没有向祁奚致谢，祁奚也不自夸功劳。

也。"即自诣狱。县令郭揖大惊，出解印绶，引与俱亡。

曰："天下大矣，子何为在此?"滂曰："滂死则祸塞，何敢以

罪累君，又令老母流离乎!"其母就与之诀。滂白母曰：

"仲博孝敬，足以供养，滂从龙舒君①归黄泉，存亡各得

其所。惟大人割不可忍之恩，勿增感戚。"母曰："汝今得与

李、杜②齐名，死亦何恨! 既有令名，复求寿考，可兼得

乎?"滂跪受教，再拜而辞。顾谓其子曰："吾欲使汝为恶，

则恶不可为;使汝为善，则我不为恶。"③行路闻之，莫不流

涕。时年三十三。

......

---

①龙舒君：滂父。 ②李、杜：李膺和杜密。 ③吾欲使汝为恶，则恶不可为;使汝为善，则我不为恶：我想让你做坏事，但是坏事是不能做的;我想让你做好事，但是我没做坏事，却落得如此下场。

张俭传

张俭字元节，山阳高平人，赵王张耳之后也。父成，江夏太守。俭初举茂才，以刺史非其人，谢病不起。

延熹①八年，太守翟超请为东部督邮。时中常侍侯览家在防东，残暴百姓，所为不轨。俭举劾览及其母罪恶，请诛之。览遏绝章表，并不得通，由是结仇。乡人朱并，素性佞邪，为俭所弃，并怀怨恚，遂上书告俭与同郡二十四人为党，于是刊章②讨捕。俭得亡命，困迫遁走，望门投止，莫不重其名行，破家相容③。后流转东莱，止李笃家。外黄令毛钦操兵到门，笃引钦谓曰："张俭知名天下，而亡非其罪。纵俭可得，宁忍执之乎？"钦因起

---

①延熹：汉桓帝年号。 ②刊章：把奏章上告人者的姓名削掉，以防泄密，遭被告者报复。 ③亡命：逃命。望门投止：看见一个门户，就请求藏身。破家相容：主人冒着破家的危险收留张俭。

抚笃曰："蘧伯玉耻独为君子①，足下如何自专仁义？"笃曰："笃虽好义，明廷今日载其半矣②。"钦叹息而去。笃因缘送俭出塞，以故得免。其所经历，伏重诛者以十数，宗亲并皆殄灭，郡县为之残破。

中平元年，党事解，乃还乡里。大将军、三公并辟，又举敦朴，公车特征，起家拜少府，皆不就。献帝初，百姓饥荒，而俭资计差温，乃倾竭财产，与邑里共之，赖其存者以百数。

建安初，征为卫尉，不得已而起。俭见曹氏世德已萌，乃阖门悬车，不豫政事。岁余卒于许下。年八十四。

论曰：昔魏齐违死，虞卿解印③；季布逃亡，朱家甘

---

①蘧伯玉耻独为君子：《左传·襄公十四年》记载，卫国内乱，贤人蘧伯玉不想卷入内乱的漩涡，于是从最近的关口出境以避乱。故孔子曰："君子哉，蘧伯玉！邦有道，则仕；邦无道，则可卷而怀之。"称赞蘧伯玉是个明智的君子。 ②明廷：对毛钦的尊称。载其半：承载另一半的仁义，劝其明大义而不执俭。 ③魏齐违死，虞卿解印：战国时，魏相魏齐折辱范雎(jū)。后范雎为秦相，有宠于秦昭王。魏齐恐惧，逃避于赵平原君家。昭王为范雎报仇，令赵王持魏齐头来。赵王惧秦，发兵追索魏齐。魏齐逃到赵相虞卿家。虞卿考虑到赵王终不会放过魏齐，于是解下相印，与魏齐一起逃到魏信陵君处避乱。

罪^①。而张俭见怒时王，颠沛假命，天下闻其风者，莫不

怜其壮志，而争为之主。至乃捐城委爵、破族屠身，盖

数十百所，岂不贤哉！然俭以区区一掌，而欲独埋^②江河，

终婴疾甚之乱，多见其不知量也。

---

①季布逃亡，朱家甘罪：楚汉相争之际，季布为项羽将兵，屡次打败刘邦。刘邦得天下后，以重金购季布头。季布几经周折，藏于大侠朱家所。朱家冒险见汝阴侯滕公，替季布求情；滕公说服刘邦，季布得赦免，被刘邦拜为郎中。
②埋：堵塞。

孔融传

kǒng róng zì wén jǔ　lǔ guó rén　kǒng zǐ èr shí shì sūn yě　qī shì zǔ bà
孔融字文举，鲁国人，孔子二十世孙也。七世祖霸，

wéi yuán dì shī　wèi zhì shì zhōng　fù zhòu　tài shān dū wèi
为元帝师，位至侍中。父宙，太山都尉。

róng yòu yǒu yì cái　nián shí suì　suí fù yì jīng shī　shí hé nán yǐn lǐ yīng
融幼有异才①。年十岁，随父诣京师。时河南尹李膺

yǐ jiǎn zhòng zì jū　bù wàng jiē shì bīn kè　chì wài zì fēi dāng shì míng rén jí yǔ tōng
以简重自居，不妄接士宾客，敕外自非当世名人及与通

jiā　jiē bù dé bái　róng yù guān qí rén　gù zào yīng mén　yù mén zhě yuē　wǒ
家，皆不得白②。融欲观其人，故造膺门。语门者曰："我

shì lǐ jūn tōng jiā zǐ dì　mén zhě yán zhī　yīng qǐng róng　wèn yuē　gāo míng zǔ fù
是李君通家子弟。"门者言之。膺请融，问曰："高明祖父

cháng yǔ pú yǒu ēn jiù hū　róng yuē　rán　xiān jūn kǒng zǐ yǔ jūn xiān rén lǐ lǎo jūn
尝与仆有恩旧乎？"融曰："然。先君孔子与君先人李老君

tóng dé bǐ yì　ér xiāng shī yǒu　zé róng yǔ jūn lěi shì tōng jiā　zhòng zuò mò bù tàn
同德比义，而相师友③，则融与君累世通家。"众坐莫不叹

xī　tài zhōng dà fū chén wěi hòu zhì　zuò zhōng yǐ gào wěi　wěi yuē　fú rén xiǎo ér
息。太中大夫陈炜后至，坐中以告炜。炜曰："夫人小而

①融幼有异才：《融家传》曰："兄弟七人，融第六，幼有自然之性。年四岁时，每与诸兄共食梨，融辄引小者。大人问其故，答曰：'我小儿，法当取小。'由是宗族奇之。" ②外：守门人。与通家：平时交接的人家。③相师友：孔子曾向老子问礼。

聪了，大未必奇。"融应声曰："观君所言，将不早惠乎？"

膺大笑曰："高明必为伟器。"

年十三，丧父，哀悴过毁，扶而后起，州里归其孝。性

好学，博涉多该览。

山阳张俭为中常侍侯览所怨，览为刊章下州郡，

以名捕俭。俭与融兄褒有旧，亡抵于褒，不遇。时融年

十六，俭少之而不告①。融见其有窘色，谓曰："兄虽在外，

吾独不能为君主邪？"因留舍②之。后事泄，国相以下，密

就掩捕，俭得脱走，遂并收褒、融送狱。二人未知所坐。

融曰："保纳舍藏者，融也，当坐之。"褒曰："彼来求我，非

弟之过，请甘其罪③。"吏问其母，母曰："家事任长，妾当其

辜④。"一门争死，郡县疑不能决，乃上谳⑤之。诏书竟坐

褒焉。融由是显名，与平原陶丘洪、陈留边让齐声称。

---

①俭少之而不告：张俭认为孔融年龄小而不把实情告诉他。②舍：在家歇息。③请甘其罪：我甘愿领罪。
④辜：罪。⑤谳：请求上级审理疑难案件。

孔融传

后汉书诵读本

108

州郡礼命，皆不就。

辟司徒杨赐府。时隐核官僚之贪浊者，将加贬黜，融多举中官亲族。尚书畏迫内宠，召掾属诘责之。融陈对罪恶，言无阿挠①。河南尹何进当迁为大将军，杨赐遣融奉谒贺进，不时通②，融即夺谒还府，投劾而去。河南官属耻之，私遣剑客欲追杀融。客有言于进曰："孔文举有重名，将军若造怨此人，则四方之士引领而去矣。不如因而礼之，可以示广于天下。"进然之，既拜而辟融，举高第，为侍御史。与中丞赵舍不同，托病归家。

后辟司空掾，拜中军候。在职三日，迁虎贲中郎将。会董卓废立，融每因对答，辄有匡正之言。以忤卓旨，转为议郎。时黄巾寇数州，而北海最为贼冲③，卓乃讽三府同举融为北海相。

---

①阿挠：屈服。　②不时通：不及时通报。　③北海最为贼冲：北海郡是黄巾军攻击的要塞。

融到郡，收合士民，起兵讲武，驰檄飞翰，引谋州郡。

贼张饶等群辈二十万众从冀州还，融逆击，为饶所败，

乃收散兵保朱虚县。稍复鸠集吏民为黄巾所误者男女四

万余人，更置城邑，立学校，表显儒术，荐举贤良郑玄、

彭璆、邴原等。郡人甄子然、临孝存知名早卒，融恨不及

之，乃命配食县社。其余虽一介之善，莫不加礼焉。郡人

无后及四方游士有死亡者，皆为棺具而敛葬之。时黄巾

复来侵暴，融乃出屯都昌，为贼管亥所围。融逼急，乃遣

东莱太史慈求救于平原相刘备。备惊曰："孔北海乃复

知天下有刘备邪？"即遣兵三千救之，贼乃散走。

时袁、曹方盛，而融无所协附。左丞祖者，称有意谋，劝

融有所结纳。融知绍、操终图汉室，不欲与同，故怒而杀之。

融负其高气，志在靖难，而才疏意广①，迄无成功。

---

①才疏意广：志大才疏。

在郡六年，刘备表领青州刺史。建安元年，为袁谭所攻，自春至夏，战士所余裁数百人，流矢雨集，戈矛内接。融隐几读书，谈笑自若。城夜陷，乃奔东山，妻子为谭所虏。

及献帝都许，征融为将作大匠，迁少府。每朝会访对，融辄引正定议，公卿大夫皆隶名而已。

初，太傅马日磾奉使山东，及至淮南，数有意于袁术。术轻侮之，遂夺取其节①，求去又不听，因欲逼为军帅。日磾深自恨，遂呕血而毙。及丧还，朝廷议欲加礼。融乃独议曰："日磾以上公之尊，秉旄节之使，衔命直指，宁辑东夏，而曲媚奸臣，为所牵率，章表署用，辄使首名，附下罔上，奸以事君②。昔国佐当晋军而不挠，宜僚临白刃而正色③。王室

后汉书诵读本

①节：节符，古代用以证明身份的凭证。 ②宁辑：安定。章表署用，辄使首名：袁术所上章表及各部门开支名册，都签的是日磾的名字。 ③国佐当晋军而不挠：《左传·成公二年》记载，鞌之战，晋胜齐败，齐侯使国佐以纪甗（yǎn）、玉磬和土地贿赂晋中军帅郤克，郤克不答应，而要求必须让齐侯之母萧同叔子为人质，并且齐国的田间之路均为东西向。郤克出使齐国，因跛脚向上台阶时，被萧同叔子窃笑。晋国在齐国的西边，如果道路为东西向，晋国就可以方便地进攻齐国。国佐不屈不挠，针锋相对地驳斥了郤克的无礼要求，出色地完成使命。宜僚临白刃而正色：《左传·哀公十六年》记载，楚国白公胜想作乱，但又顾虑楚王、令尹子西和子期的威猛而不能成功，因为这三人的威猛能敌五百人。白公胜的手下石乞向他推荐能敌五百人的勇士熊宜僚。白公胜找到熊宜僚，说明自己的动机，遭到熊宜僚的拒绝。白公胜把剑按在他的脖子上逼其就范，熊宜僚仍不动声色。白公胜无奈，怅然离去。

大臣，岂得以见胁为辞！又袁术僭逆①，非一朝一夕，日碑随从，周旋历岁。《汉律》与罪人交关三日已上，皆应知情。《春秋》鲁叔孙得臣卒，以不发扬襄仲之罪，贬不书日②。郑人讨幽公之乱，斫子家之棺③。圣上哀矜旧臣，未忍追案，不宜加礼。"朝廷从之。

时论者多欲复肉刑。融乃建议曰："古者敦庞，善否不别，吏端刑清，政无过失④。百姓有罪，皆自取之。末世陵迟，风化坏乱，政挠其俗，法害其人。故曰上失其道，民散久矣。而欲绳之以古刑，投之以残弃，非所谓与时消息者也⑤。纣斫朝涉之胫⑥，天下谓为无道。夫九牧之地，

①僭逆：冒用在上者的职权行事，指袁术欲在淮南称帝。 ②《春秋》鲁叔孙得臣卒，以不发扬襄仲之罪，贬不书日：依《公羊传》，鲁国叔孙得臣明知襄仲欲杀鲁君却不揭发他罪行，所以《春秋》不记叔孙得臣死的日期，以示贬斥。 ③郑人讨幽公之乱，斫子家之棺：依《左传·宣公四年》记载，楚人献给郑灵公一些鳖。郑大臣子公食指动，他告诉子家说，我肯定能尝到异味。他们上朝时，看见郑灵公的厨师正在杀鳖，子公和子家相视而笑。郑灵公问他们因何而笑。子家告以实情。分给大臣鳖汤时，灵公偏偏不给子公吃。子公不得已，手指在鼎里沾点汤尝了尝，然后跑出去了。灵公大怒，欲杀子公。子公遂胁迫子家作乱，杀了郑灵公。宣公十年，子家死，郑人追究他弑君之罪，把他的棺材砍薄，让他不再享受卿大夫的丧礼。 ④敦庞：憨厚淳朴。端：直。 ⑤残弃：残其肢体而弃废之。与时消息：顺应时代的变化。 ⑥纣斫朝涉之胫：商纣王在冬天的早晨看见一个人趟水过河，认为他的小腿一定很耐寒，于是下令砍掉他的小腿，看看是否真的耐寒。

qiān bā bǎi jūn   ruò gè yuè yī rén   shì xià cháng yǒu qiān bā bǎi zhòu yě   qiú sú xiū

千八百君①，若各刖一人，是下常有千八百纣也。求俗休

hé   fú kě dé yǐ   qiě bèi xíng zhī rén   lǜ bù niàn shēng   zhì zài sī sǐ   lèi duō

和②，弗可得已。且被刑之人，虑不念生，志在思死，类多

qū è   mò fù guī zhèng   sù shā luàn qí   yī lì huò sòng   zhào gāo yīng bù   wéi shì

趋恶，莫复归正。夙沙乱齐，伊戾祸宋，赵高、英布，为世

dà huàn   bù néng zhǐ rén suì wéi fēi yě   shì zú jué rén huán wéi shàn ěr   suī zhōng

大患③。不能止人遂为非也，适足绝人还为善耳。虽忠

rú yù quán   xìn rú biàn hé   zhì rú sūn bìn   yuān rú xiàng bó   cái rú shǐ qiān   dá rú

如鬻拳，信如卞和，智如孙膑，冤如巷伯，才如史迁，达如

zǐ zhèng   yī lí dāo jù   mò shì bù chǐ   shì tài jiǎ zhī sī yōng   mù gōng zhī bà

子政，一离刀锯，没世不齿④。是太甲之思庸，穆公之霸

qín nán suī zhī gǔ lì   wèi wǔ zhī chū yán   chén tāng zhī dū lài   wèi shàng zhī shǒu

秦，南睢之骨立，卫武之《初筵》，陈汤之都赖，魏尚之守

---

①九牧之地，千八百君：周时，九州大概有一千八百个诸侯国。　②求俗休和：欲使民风淳朴和洽。　③夙沙乱齐：《左传·襄公十九年》记载，齐灵公废太子光而立嬖人之子公子牙为太子，使高厚为太傅，宦者夙沙卫为少傅。灵公病重，崔杼暗中迎回公子光，立为君。公子光即位后，认为自己以前被废是由于夙沙，开始报复。夙沙卫逃到高唐，发动叛乱。伊戾祸宋：《左传·襄公二十六年》记载，宋太子痤长得英俊，但心狠手辣，朝中大臣都害怕他。宦者伊戾为太子内师，却得不到宠幸，怀恨在心。楚国使者聘于晋，路过宋国，太子痤到郊外去款待他，伊戾随从而去，暗中挖坑，埋牲，将假造的盟书放在牺牲上，然后跑回来告诉宋平公说，太子痤私与楚使者盟，要发动叛乱。平公派人去验证，果有盟书，又问大臣们太子痤是否有叛乱之心，大臣们说，太子痤蓄谋已久。于是，平公杀了太子痤。赵高、英布，为世大患：《史记·李斯列传》记载，宦官赵高伙同李斯矫诏立胡亥，得到胡亥的宠幸，遂专权作威，虐杀大臣，祸害百姓，馋杀李斯，劫杀胡亥，卒至亡秦。《史记·黥布列传》记载，黥布原叫英布，受黥刑后又称黥布，助刘邦定天下，有功，封为淮南王，后反叛被杀。　④忠如鬻拳：《左传·庄公十九年》记载，楚文王约同巴人伐申，鬻拳以为不可，极力强谏，文王把刀架在他的脖子上，鬻拳不得已，放弃己见，然而他认为自己没有尽到责任，砍掉自己的脚，以示惩罚。楚人怜其忠，让他看守城门。后来，巴人果然叛乱，反戈伐楚，楚文王逃归，鬻拳不让文王进城，文王病死在外，鬻拳埋葬文王，也自杀了。君子曰："鬻拳可谓爱君矣，谏以自纳于刑，刑犹不忘纳君于善。"信如卞和：《韩非子》记载，楚人和氏得到一块璞玉，献给楚武王，武王以为诈，刖其左足。文王继位，和氏又献，文王刖其右足。楚成王继位，和氏又献，成王使人攻璞而得玉，是为和氏璧。《琴操》曰："荆王封和为陵阳侯，和辞不就而去。乃作歌曰：'进宝得刑，足离分兮。去封立信，守休芸兮。断者不续，岂不冤兮！'"智如孙膑：《史记·孙子吴起列传》记载，孙膑与庞涓俱学兵法，庞涓为魏惠王将军，恐害贤于己，以法刑断其两足而黥之。孙膑逃到齐国，受到齐将田忌的善待。孙膑帮助田忌赌马获胜，以围魏救赵之计，打败魏军，又以减灶疑兵之计逼迫庞涓自杀，从而显名于世，世传其兵法，号为《孙膑兵法》。冤如巷伯：《毛诗序》云："巷伯，内小臣也。掌王后之命于宫中，故谓之巷伯。"巷伯被馋将刑，寺人孟子伤而作诗，以刺幽王也。达如子政：《汉书·楚元王交刘向传》记载，刘向博学多识，通达古今。刀锯：中刑用刀锯。

biān wú suǒ fù shī yě hàn kāi gǎi è zhī lù fán wèi cǐ yě gù míng dé zhī

边，无所复施也①。汉开改恶之路，凡为此也。故明德之

jūn yuǎn duó shēn wéi qì duǎn jiù cháng bù gǒu gé qí zhèng zhě yě cháo tíng shàn zhī

君，远度深惟，弃短就长，不苟革其政者也。"朝廷善之，

zú bù gǎi yān

卒不改焉。

shì shí jīng zhōu mù liú biǎo bù gòng zhí gòng duō xíng jiàn wěi suì nǎi jiāo sì tiān

是时荆州牧刘表不供职贡，多行僭伪，遂乃郊祀天

dì nǐ chì chéng yú zhào shū bān xià qí shì róng shàng shū yuē qiè wén lǐng jīng

地，拟斥乘舆②。诏书班下其事。融上疏曰："窃闻领荆

zhōu mù liú biǎo jié nì fàng zì suǒ wéi bù guǐ zhì nǎi jiāo jì tiān dì nǐ yí shè jì

州牧刘表桀逆放恣，所为不轨，至乃郊祭天地，拟仪社稷。

suī hūn jiàn è jí zuì bù róng zhū zhì yú guó tǐ yí qiě huì zhī hé zhě wàn

虽昏僭恶极，罪不容诛，至于国体，宜且讳之。何者？万

shèng zhì zhòng tiān wáng zhì zūn shēn wéi shèng gōng guó wéi shén qì bì jí xuán yuǎn lù

乘至重，天王至尊，身为圣躬，国为神器，陛级县远，禄

①太甲之思庸：《尚书》记载，商王太甲继位，恣肆妄为，朝政日非，伊尹就将他流放到桐地，让他改过自新。三年后，将太甲接回，重登王位，变成一个有道明君。思庸，一举一动都按照道德礼仪行事。穆公之霸秦：《左传·僖公三十二年》与《左传·僖公三十三年》记载，秦穆公以孟明视、西乞术、白乙丙为帅，偷袭郑国，蹇叔谏止，穆公不听，结果，晋军截击秦军于殽地，秦军大败，三帅被擒，后被晋国放回。穆公亲自向蹇叔道歉，改过自新，继续信任三帅，最后报了殽之战的耻辱，称霸于西戎之地。南睢之骨立：南睢疑为南荣，《庄子》称为南荣越，《淮南子》叫南荣畴。《庄子·庚桑楚》记载，南荣越欲遵循老师庚桑楚的教导，抛弃儒家圣贤之道，但不知如何去做，于是向老子请教，老子说教了一通，南荣越还是不明白，于是闭门不出，"愁思十日"，再去请教老子。《淮南子》曰："南荣畴耻圣贤之独亡于己，南见老聃，受教一言，欣然七日不食。"言南睢不知如何取舍儒家之道和道家之道，苦思焦虑，七日不食，以至于形销骨立，后听老子一言，幡然醒悟，皈依道家。此说见王沛霖《"南睢骨立"试解》一文。卫武之初筵：《韩诗传》记载，《诗经·小雅·宾之初筵》写的是卫武公饮酒悔过的事。陈汤之都赖：《汉书·陈汤传》记载，陈汤家贫，乞丐无节，后遇富平侯张勃，举为太官献食丞，父死不奔丧，被劾下狱。后复被举为郎，迁为西域副校尉，矫诏出兵征伐郅支单于，斩郅支于都赖水。魏尚之守边：《汉书·冯唐传》记载，冯唐为郎中署长，汉文帝见之，由李牧谈及云中太守魏尚。魏尚为云中守时，整饬军市，体恤士卒，民乐为用，匈奴不敢侵边，然因小罪，被削去爵位，罚作仆隶，汉文帝有李牧似的大将魏尚却不知珍惜。文帝醒悟，派冯唐持节云中，赦免魏尚，复为云中守。无所复施也：如果刑罚太重，人们就没有改过自新的机会，再也不会出现太甲、穆公、南睢、卫武、陈汤、魏尚之类的人物了。②郊祀天地，拟斥乘舆：刘表欲称帝，乃行帝王事，郊祭天地，所乘车马，比拟帝王。

wèi xiàn jué　yóu tiān zhī bù kě jiē　rì yuè zhī bù kě yú yě　měi yǒu yī shù chén
位限绝,犹天之不可阶,日月之不可逾也①。每有一竖臣,

zhé yún tú zhī　ruò xíng zhī sì fāng　fēi suǒ yǐ dù sè xié méng　yú wèi suī yǒu zhòng
辄云图之,若形之四方,非所以杜塞邪萌②。愚谓虽有重

lì bì yí yǐn rěn　jiǎ yì suǒ wèi　zhì shǔ jì qì　gài wèi cǐ yě　shì yǐ qí
戾,必宜隐忍③。贾谊所谓'掷鼠忌器',盖谓此也。是以齐

bīng cì chǔ wéi zé bāo máo　wáng shī bài jì　bù shū jìn rén　qián yǐ lù yuán shù
兵次楚,唯责包茅④;王师败绩,不书晋人⑤。前以露袁术

zhī zuì　jīn fù xià liú biǎo zhī shì　shì shǐ bǒ zāng yù kuī gāo àn　tiān xiǎn kě dé ér
之罪,今复下刘表之事,是使跛牂欲窥高岸⑥,天险可得而

dēng yě　àn biǎo bá hù　jiàn zhū liè hóu　è jué zhào mìng　duàn dào gòng fěi　zhāo hū
登也。案表跋扈,剑诛列侯,遏绝诏命,断盗贡篚,招呼

yuán è　yǐ zì yíng wèi　zhuān wéi qún nì　zhǔ cuì yuān sǒu　gào dǐng zài miào zhāng
元恶,以自营卫,专为群逆,主萃渊薮⑦。郜鼎在庙,章

shú shèn yān　sāng luò wǎ jiě　qí shì kě jiàn　chén yú yǐ wéi yí yǐn jiāo sì zhī
孰甚焉⑧! 桑落瓦解⑨,其势可见。臣愚以为宜隐郊祀之

shì　yǐ chóng guó fáng
事,以崇国防。"

wǔ nián　nán yáng wáng féng　dōng hǎi wáng zhī　hōng　dì shāng qí zǎo mò　yù wèi
五年,南阳 王 冯、东海王祗⑩薨,帝伤其早殁,欲为

①陛级县远:帝王的台阶高高在上,下民只可仰望。县,同"悬"。阶:竖阶梯而上。　②杜塞邪萌:杜绝邪恶出现的苗头。　③重戾:重罪。必宜隐忍:应该忍受而隐藏起来。　④齐兵次楚,唯责包茅:《左传•僖公四年》记载,齐桓公率兵侵楚,为了找一个冠冕堂皇的借口来掩盖侵略的野心,派管仲责备楚国不向周王室进贡用来缩酒的苞茅,导致周王室的祭祀无法进行。　⑤王师败绩,不书晋人:《公羊传》曰:"成公元年,王师败绩于茅戎。孰败之? 盖晋败之。曷为不言晋败之? 王者无敌,莫敢当也。"　⑥跛牂欲窥高岸:《史记•李斯传》记载,李斯为迎合胡亥之心,上书请求施行严刑峻法,并举例论证说,善飞奔的楼季登不上五丈高的城墙,而坡脚的母羊却可以轻易地登上百仞高的泰山,原因是,城墙峻峭,而泰山坡缓。　⑦贡篚:装进贡物品的圆形竹编筐子。主萃渊薮:《尚书》曰:"今商王受亡道。为天下逋逃主,萃渊薮。"孔安国注曰:"天下罪人逃亡者,而纣为魁主,窟聚泉府数泽也。"意为刘表把天下逃亡的罪犯藏于府中。　⑧郜鼎在庙,章孰甚焉:《左传•桓公二年》记载,宋华督父弑宋殇公,逃到鲁国。郜国被宋国灭亡,国宝郜鼎被宋掠去。华督父以郜鼎贿赂鲁桓公,桓公将郜鼎供于太庙。臧哀伯极力谏止,说华督父是弑君之贼,又把贿赂之物供于太庙,是公开鼓励官吏弑君贪污。　⑨桑落瓦解:像陨落桑叶、瓦片碎裂一样,比喻刘表的国力势必衰微。　⑩南 阳王冯、东海王祗:刘冯、刘祗是汉献帝的儿子。

修四时之祭，以访于融。融对曰："圣恩敦睦，感时增思，悼二王之灵，发哀愍之诏，稽度前典，以正礼制。窃观故事，前梁怀王、临江愍王、齐哀王、临淮怀王并薨无后，同产昆弟，即景、武、昭、明四帝是也，未闻前朝修立祭祀。若临时所施，则不列传纪。臣愚以为诸在冲龀①，圣慈哀悼，礼同成人，加以号谥者，宜称上恩。祭祀礼毕，而后绝之。至于一岁之限，不合礼意，又违先帝已然之法，所未敢处。"

初，曹操攻屠邺城，袁氏妇子多见侵略，而操子丕私纳袁熙妻甄氏。融乃与操书，称"武王伐纣，以妲己赐周公"②。操不悟，后问出何经典。对曰："以今度之，想当然耳。"后操讨乌桓，又嘲之曰："大将军远征，萧条海外。

---

①冲龀：年幼。 ②武王伐纣，以妲己赐周公：武王伐纣，灭之。斩妲己之头，悬于白旗之首，以为商之亡由此女也。今孔融杜撰此典，嘲戏曹操。

xī sù shèn bù gòng hù shǐ dīng líng dào sū wǔ niú yáng kě bìng àn yě
昔肃慎不贡楛矢，丁零盗苏武牛羊，可并案也①。”

shí nián jī bīng xīng cāo biǎo zhì jiǔ jìn róng pín shū zhèng zhī duō wǔ màn zhī cí
时年饥兵兴，操表制酒禁，融频书争之，多侮慢之辞。

jì jiàn cāo xióng zhà jiàn zhù shuò bù néng kān gù fā cí piān dàng duō zhì guāi wǔ yòu
既见操雄诈渐著，数不能堪，故发辞偏宕②，多致乖忤。又

cháng zòu yí zhǔn gǔ wáng jī zhī zhì qiān lǐ huán nèi bù yǐ fēng jiàn zhū hóu cāo yí
尝奏宜准古王畿之制，千里寰内，不以封建诸侯。操疑

qí suǒ lùn jiàn jiàn guǎng yì dàn zhī rán yǐ róng míng zhòng tiān xià wài xiāng róng rěn
其所论建渐广，益惮之。然以融名重天下，外相容忍，

ér qián jì zhèng yì lǜ gěng dà yè shān yáng xī lǜ chéng wàng fēng zhǐ yǐ wēi fǎ
而潜忌正议，虑鲠大业③。山阳郗虑④承望风旨，以微法

zòu miǎn róng guān yīn xiǎn míng chóu yuàn cāo gù shū jī lì róng yuē gài wén táng yú
奏免融官。因显明仇怨，操故书激厉融曰：“盖闻唐虞

zhī cháo yǒu kè ràng zhī chén gù lín fèng lái ér sòng shēng zuò yě hòu shì dé bó yóu
之朝，有克让之臣，故麟凤来而颂声作也⑤。后世德薄，犹

yǒu shā shēn wèi jūn pò jiā wèi guó jí zhì qí bì yá zì zhī yuàn bì chóu yī cān
有杀身为君，破家为国⑥。及至其敝，睚眦之怨⑦必仇，一餐

zhī huì bì bào gù cháo cuò niàn guó gòu huò yú yuán àng qū píng dào chǔ shòu zèn yú
之惠必报。故晁错念国，遘祸于袁盎⑧；屈平悼楚，受谮于

①肃慎不贡楛矢：《国语》记载，武王尅商，九夷百蛮臣服，肃慎氏贡楛矢。肃慎，东北的一支少数民族。楛矢，楛木条做的箭杆。丁零盗苏武牛羊：《汉书》记载，苏武使匈奴，单于徙之于北海上，丁零人盗苏武羊，武遂穷厄。丁零，《山海经》曰：“北海之内，有丁零之国。”也作“丁令”。②偏宕：偏邪跌宕，不拘正理。③虑鲠大业：担心孔融破坏他篡国的图谋。④郗虑：郗虑与孔融多次冲突，嫌隙已深。⑤唐虞之朝，有克让之臣：《尚书·尧典》记载，舜命禹为司空，禹让稷、弃与皋陶。命益为虞官，让于朱、虎、熊、罴。命伯夷为秩宗，让于夔龙。麟凤来而颂声作：《尚书·皋陶谟下》记载，《箫韶》九成，凤凰来仪。舜作歌曰：“股肱喜哉！元首起哉！百工熙哉！”皋陶作歌曰：“元首明哉！股肱良哉！庶事康哉！” ⑥杀身为君：《左传·庄公八年》记载，齐国内乱，乱贼追杀齐襄公，襄公躲在门后，孟阳装扮成襄公躺在床上，被杀。破家为国：《后汉书·李通传》记载，李通，南阳宛人，家道殷富，与弟李轶助刘秀起义，反对王莽。王莽震怒，杀掉李通之父李守，并命南阳太守诛杀李通兄弟、门宗六十人，皆焚尸宛市。后李通助刘秀成大业，娶刘秀之妹宁平公主，拜大司空。⑦睚眦之怨：发怒时瞪眼，比喻小小的怨恨。⑧晁错念国，遘祸于袁盎：《汉书·爰盎晁错传》记载，汉景帝时，晁错为御史大夫，以诸侯国大，请削其土。吴楚七国以诛晁错为名，发动叛乱。爰盎素与晁错有隙，乃进言斩晁错以谢七国，景帝斩了晁错。汉武帝时，诸侯国尾大不掉，武帝用晁错之策，开始削藩。

椒、兰①；彭宠倾乱，起自朱浮②；邓禹威损，失于宗、冯③。

由此言之，喜怒怨爱，祸福所因，可不慎与！昔廉、蔺小国

之臣，犹能相下；寇、贾仓卒武夫，屈节崇好④；光武不问

伯升之怨⑤；齐侯不疑射钩之虏⑥。夫立大操者，岂累细故

哉！往闻二君有执法之平，以为小介，当收旧好；而怨毒

渐积，志相危害，闻之怃然⑦，中夜而起。昔国家东迁，文

举盛叹鸿豫名实相副，综达经学，出于郑玄，又明《司马

法》，鸿豫亦称文举奇逸博闻，诚怪今者与始相违。孤

与文举既非旧好，又于鸿豫亦无恩纪，然愿人之相美，不

---

①屈平悼楚，受潜于椒、兰：《史记·屈原贾生列传》记载，楚怀王时，屈原为三闾大夫。秦昭王使张仪谲诈怀王，令绝齐交，又诱请怀王会于武关，屈原力谏，怀王不听，卒客死于秦。怀王子子椒、子兰馋之于楚襄王，而放逐之。②彭宠倾乱，起自朱浮：《后汉书·彭宠传》记载，彭宠助光武帝成大事，自以为功高，而赏赐不厚，故常怀怨。彭宠与朱浮不和，朱浮屡次潜构之。光武帝征彭宠回朝，彭宠怀疑朱浮说了他的坏话，于是抗命，反于渔阳。③邓禹威损，失于宗、冯：《后汉书·邓禹传》记载，光武帝命邓禹出兵河西，以定关中。邓禹之积弩将军冯愔(yīn)和车骑将军宗歆争权相攻，冯愔杀了宗歆，后黄阳又杀掉冯愔。邓禹之军因此滞留河西，久不能进关中。④寇、贾仓卒武夫，屈节崇好：《后汉书·寇恂传》记载，寇恂为颍川太守，贾复部将在颍川杀人，寇恂杀之于市，贾复怀恨，想亲手杀掉寇恂。寇恂手下劝他回避贾复，寇恂说："昔蔺相如不畏秦王而屈于廉颇者，为国也。区区之赵，尚有此义，吾安可以忘之乎？"后两人相遇于朝，光武帝调解，遂尽弃前嫌，共车同出，结友而去。⑤光武不问伯升之怨：更始帝忌讳刘秀之兄刘伯升的才能，遂杀之。刘秀朝见更始帝，隐忍不发，唯责己之过，不敢为伯升服丧，饮食言笑如平常。更始帝不疑，拜刘秀为破虏将军行大司马事。后来刘秀转战河北，扩大势力，终于取得天下。⑥齐侯不疑射钩之虏：齐公子小白与公子纠因争夺君位而发生战争，辅佐公子纠的管仲箭射公子小白而中带钩。公子纠败，管仲被俘，公子小白不计前嫌，重用管仲，终于雄霸诸侯，是为齐桓公。⑦怃然：失意而伤心的样子。

乐人之相伤，是以区区思协欢好。又知二君群小所构，孤为人臣，进不能风化海内，退不能建德和人，然抚养战士，杀身为国，破浮华交会之徒，计有余矣。"

融报曰："猥惠书教，告所不逮。融与鸿豫州里比郡①，知之最早。虽尝陈其功美，欲以厚于见私，信于为国，不求其覆过掩恶，有罪望不坐也。前者黜退，欢欣受之。昔赵宣子朝登韩厥，夕被其戮，喜而求贺②。况无彼人之功，而敢枉当官之平哉！忠非三闾③，智非晁错，窃位为过，免罪为幸。乃使余论远闻，所以惭惧也。朱、彭、寇、贾，为世壮士，爱恶相攻，能为国忧。至于轻弱薄劣，犹昆虫之相啮，适足还害其身，诚无所至也。晋侯嘉

①融与鸿豫州里比郡：孔融是鲁郡人，郗虑是山阳郡人，二郡比邻。②赵宣子朝登韩厥，夕被其戮，喜而求贺：《国语》记载，晋国权臣赵宣子赵盾向晋灵公举荐韩厥，拜韩厥为司马。河曲之役，赵宣子使人以其乘车扰乱军阵，韩厥杀之。众人恐惧，以为韩厥必死，然赵宣子召而礼之，说："二三子可以贺我矣。吾举厥也，中吾，乃今知免于罪矣。"③三闾：三闾大夫屈原。

后汉书诵读本

其臣所争者大,而师旷以为不如心竞①。性既迟缓,与人无伤,虽出胯下之负,榆次之辱,不知贬毁之于己,犹蚊虻之一过也②。子产谓人心不相似,或矜势者,欲以取胜为荣,不念宋人待四海之客,大炉不欲令酒酸也③。至于屈穀巨瓠,坚而无窍④,当以无用罪之耳。它者奉遵严教,不敢失坠。郗为故吏,融所推进。赵衰之拔郤穀,不轻公叔之升臣也⑤。知同其爱,训诲发中。虽懿伯之忌⑥,犹不得念,况恃旧交,而欲自外于贤吏哉!辄布腹心,修好如初。

①晋侯嘉其臣所争者大,而师旷以为不如心竞:《左传·襄公二十六年》记载,秦伯之弟鍼出使晋国,修两国之好,叔向使人召行人子员接待,当班的行人子朱很生气,认为叔向在贬斥他。叔向说,秦晋两国久已不和,若修好,人们受益,若失和,人们将暴骨于中原。子员说话公道,而子朱有所偏私,故不宜接待鍼。子朱拔剑指向叔向,叔向亦举剑相迎。晋平公很高兴,认为晋国大有希望,因为大臣们在大义上相争。师旷却认为,大臣们不在心里比较能力的高低,而是大打出手,这是公室卑微的征兆。 ②出胯下之负:韩信贫贱,淮阴少年辱之,令从胯下出,韩信从之。榆次之辱:荆轲游于榆次,与盖聂论剑,盖聂怒而目之,荆轲默然离去。 ③子产谓人心不相似:子产是郑国的名相,他曾说:"人心不同,其如面焉,吾岂敢谓子面如吾面乎?"不念宋人待四海之客,大炉不欲令酒酸也:《韩非子》记载,宋国有个卖酒的人,买卖公平,待人恭谨,酒浆甘美,然而他的酒却卖不出去,变酸了。人们详查其因,原来他家有一条猛狗。
④屈穀巨瓠,坚而无窍:《韩非子》记载,宋国一个叫屈穀的人去看望齐国的隐士田仲,屈穀说:"先生志高义远,不依靠别人,自食其力。我种了一种瓠子,坚如磐石,厚而无窍,送给先生。"田仲说:"先生跟我开玩笑呢,凡是好瓠子,都可以盛水酒。你的瓠子既厚又无窍,不可以盛水酒,又坚如磐石,怎么可以剖开用来斟酒呢?我不要这样的瓠子。"屈穀说:"那我只好将它扔了。"意思是,田仲隐居,自耕自食,不问世事,无益于国家,与这种瓠子相似。 ⑤赵衰之拔郤穀:《左传·僖公二十七年》记载,晋文公选拔中军帅,问于赵衰,赵衰推荐郤穀,说他"说(yuè)礼乐而敦《诗》、《书》",文公乃用郤穀。公叔之升臣:《论语》记载,公叔文子是卫国的大夫,他的家臣名叫僎(zhuàn),品行与公叔文子齐名,被提升为公,与公叔文子并为大夫。 ⑥懿伯之忌:《礼记·檀弓》记载,滕成公薨,鲁国派子叔敬叔去吊唁,子服惠伯为副手。行到滕国的边界,正好是子叔敬叔父亲懿伯的忌日,子叔敬叔不想进入滕国。子服惠伯说:"你我代表国家去吊唁,是公事,祭祀你父亲的忌日,是私事,不可因私废公。"子叔敬叔于是进入滕国。

kǔ yán zhì yì　zhōng shēn sòng zhī
苦言至意，终身诵之。"

suì yú　fù bài tài zhōng dà fū　xìng kuān róng shǎo jì　hào shì　xǐ yòu yì hòu
岁余，复拜太中大夫。性宽容少忌，好士，喜诱益后

jìn　jí tuì xián zhí　bīn kè rì yíng qí mén　cháng tàn yuē　zuò shàng kè héng mǎn
进。及退闲职，宾客日盈其门。常叹曰："坐上客恒满，

zūn　zhōng jiǔ bù kōng　wú wú yōu yǐ　yǔ cài yōng sù shàn　yōng zú hòu　yǒu hǔ bēn
尊①中酒不空，吾无忧矣。"与蔡邕素善，邕卒后，有虎贲

shì　mào lèi yú yōng　róng měi jiǔ hān　yǐn yǔ tóng zuò　yuē　suī wú lǎo chéng rén　qiě
士②貌类于邕，融每酒酣，引与同坐，曰："虽无老成人，且

yǒu diǎn xíng　róng wén rén zhī shàn　ruò chū zhū jǐ　yán yǒu kě cǎi　bì yǎn ér chéng
有典刑。"融闻人之善，若出诸己，言有可采，必演而成

zhī　miàn gào qí duǎn　ér tuì chēng suǒ cháng　jiàn dá xián shì　duō suǒ jiǎng jìn　zhī ér wèi
之，面告其短，而退称所长，荐达贤士，多所奖进，知而未

yán　yǐ wéi jǐ guò　gù hǎi nèi yīng jùn jiē xìn fú zhī
言，以为己过，故海内英俊皆信服之。

cáo cāo jì jī xián jì　ér xī lǜ fù gòu chéng qí zuì　suì lìng chéng xiàng jūn móu
曹操既积嫌忌，而郗虑复构成其罪，遂令丞相军谋

jì jiǔ lù cuì wǎng zhuàng　zòu róng yuē　shào fǔ kǒng róng　xī zài běi hǎi　jiàn wáng shì
祭酒路粹枉状③奏融曰："少府孔融，昔在北海，见王室

bù jìng　ér zhāo hé tú zhòng　yù guī bù guǐ　yún　wǒ dà shèng zhī hòu　ér jiàn miè yú
不静，而招合徒众，欲规不轨，云'我大圣之后，而见灭于

sòng　yǒu tiān xià zhě　hé bì mǎo jīn dāo　jí yǔ sūn quán shǐ yǔ　bàng shàn cháo tíng
宋，有天下者，何必卯金刀④'。及与孙权使语，谤讪朝廷。

①尊：同"樽"，酒杯。②虎贲士：朝廷卫士。③枉状：捏造罪状。④我大圣之后，而见灭于宋：《左传·桓公二年》记载，宋华督父杀了孔父家，孔父家的儿子奔于鲁。孔父家是孔子的六世祖，孔融是孔子之后，故云。卯金刀：合字为"劉"。

后汉书诵读本

又融为九列，不遵朝仪，秃巾微行，唐突宫掖。又前与白

衣祢衡跌荡放言①，云'父之于子，当有何亲？论其本意，

实为情欲发耳。子之于母，亦复奚为？譬如寄物瓶中，出

则离矣'。既而与衡更相赞扬。衡谓融曰：'仲尼不

死。'融答曰：'颜回复生。'大逆不道，宜极重诛。"书奏，

下狱弃市。时年五十六。

　初，女年七岁，男年九岁，以其幼弱得全，寄它舍。二

子方弈棋，融被收而不动。左右曰："父执而不起，何也？"

答曰："安有巢毁而卵不破乎！"主人有遗肉汁，男渴而饮

之。女曰："今日之祸，岂得久活，何赖知肉味乎？"兄号泣

而止。或言于曹操，遂尽杀之。及收至，谓兄曰："若死者

有知，得见父母，岂非至愿！"乃延颈就刑，颜色不变，莫不

伤之。

①跌荡于言：放言无忌。

初，京兆人脂习元升①，与融相善，每戒融刚直。及被害，许②下莫敢收者，习往抚尸曰："文举舍我死，吾何用生为？"操闻大怒，将收习杀之，后得赦出。

魏文帝深好融文辞，每叹曰："杨、班③俦也。"募天下有上融文章者，辄赏以金帛。所著诗、颂、碑文、论议、六言、策文、表、檄、教令、书记凡二十五篇。文帝以习有栾布④之节，加中散大夫。

论曰：昔谏大夫郑昌⑤有言："山有猛兽⑥者，藜藿为之不采。"是以孔父正色⑦，不容弑虐之谋；平仲立朝，有纾盗齐之望⑧。若夫文举之高志直情，其足以动义概而忤雄心⑨。故使移鼎之迹，事隔于人存⑩；代终之规，启机于

---

①脂习元升：姓脂名习，字元升。　②许：许昌。　③杨、班：扬雄和班固。　④栾布：《汉书·栾布传》记载，栾布为战俘，彭越赎之以为梁大夫，使于齐未返，彭越因谋反被诛，刘邦禁止人收尸。栾布返回，在彭越的头边上奏出使之事，并祭祀彭越，为之哭孝。　⑤郑昌：汉宣帝时，司隶校尉盖宽饶以直道得罪，郑昌悯伤盖宽饶忠直忧国，而为文吏所诋挫，故上书讼之。　⑥猛兽：喻忠直者。　⑦孔父正色：《公羊传》曰："孔父正色而立于朝，则人莫敢过而至难于其君者，孔父可谓义形于色矣。"　⑧平仲立朝，有纾盗齐之望：晏婴，字平仲，齐国忠耿大臣，屡次规劝齐景公归邪荡于周道，因此，田氏不敢觊觎君位。平仲死后，田氏逐渐代齐。　⑨义概：忠耿的品质。忤雄心：摧挫曹操篡位的野心。　⑩故使移鼎之迹，事隔于人存：所以终曹操一生，代汉之事没有发生。

shēn hòu yě　　　　fú yán qì zhèng xìng　fù zhé ér jǐ　　　qǐ yǒu yuán yuán wěi qū　　kě

身后也^①。夫严气正性，覆折而已^②。岂有员园委屈，可

yǐ měi qí shēng zāi　　　lǐn lǐn yān　hào hào yān　　qí yǔ kūn yù qiū shuāng bǐ zhì

以每其生哉^③！憬憬焉，皜皜焉，其与琨玉秋霜比质

kě yě

可也^④。

---

①代终之规，启机于身后也：魏代汉之事是曹操死后曹丕所为。　②严气正性，覆折而已：威严和凛然正气直到死才罢休。　③岂有员园委屈，可以每其生哉：哪能委曲求全、贪生怕死！ 每其生，贪生。　④憬憬焉：劲烈如秋霜。皜皜焉：坚贞如白玉。

124

孟尝传

孟尝字伯周，会稽上虞人也。其先三世为郡吏，并伏节死难①。尝少修操行，仕郡为户曹史。上虞有寡妇至孝养姑。姑年老寿终，夫女弟先怀嫌忌，乃诬妇厌苦供养，加鸩其母，列讼县庭。郡不加寻察，遂结竟其罪②。尝先知枉状，备言之于太守，太守不为理。尝哀泣外门，因谢病去，妇竟冤死。自是郡中连旱二年，祷请无所获。后太守殷丹到官，访问其故，尝诣府具陈寡妇冤诬之事。因曰："昔东海孝妇，感天致旱，于公一言，甘泽时降③。宜戮讼者，以谢冤魂，庶幽枉获申，时雨可期。"丹从

---

①伏节死难：秉持节操而遭难。　②结竟其罪：最后判其死罪。　③东海孝妇，感天致旱，于公一言，甘泽时降：《汉书·于定国传》记载，东海郡有个孝妇，守寡，恭谨侍奉婆婆。婆婆劝她改嫁，她不肯。婆婆怕拖累孝妇，上吊自杀。婆婆之女告孝妇害死婆婆。狱吏酷刑拷问，孝妇屈打成招，被杀，上天感孝妇之冤，大旱三年。其间，于定国之父于公为郡决曹，苦谏太守，让查明真相，太守不听。后任太守查问大旱因由，于公说明真相，太守祭祀孝妇，天才下雨。

之，即刑讼女而祭妇墓，天应澍雨，谷稼以登。

尝后策孝廉，举茂才，拜徐令。州郡表其能，迁合浦太守。郡不产谷实，而海出珠宝，与交阯比境，常通商贩，贸籴粮食。先时宰守并多贪秽，诡①人采求，不知纪极，珠遂渐徙于交阯郡界。于是行旅不至，人物无资，贫者饿死于道。尝到官，革易前敝，求民病利②。曾未逾岁，去珠复还，百姓皆反其业，商货流通，称为神明。

以病自上，被征当还，吏民攀车请之。尝既不得进，乃载乡民船夜遁去。隐处穷泽，身自耕佣。邻县士民慕其德，就居止者百余家。

桓帝时，尚书同郡杨乔上书荐尝曰："臣前后七表言故合浦太守孟尝，而身轻言微，终不蒙察。区区破心，徒然而已。尝安仁弘义，耽乐道德，清行出俗，能干绝

---

①诡：责。　②民病利：民所病苦及利益之事。

群①。前更守宰，移风改政，去珠复还，饥民蒙活。且南海多珍，财产易积，掌握之内，价盈兼金，而尝单身谢病，躬耕垄次，匿景藏采，不扬华藻。实羽翮之美用，非徒腹背之毛也②。而沉沦草莽，好爵莫及，廊庙之宝，弃于沟渠。且年岁有讫，桑榆行尽③，而忠贞之节，永谢圣时。臣诚伤心，私用流涕。夫物以远至为珍，士以稀见为贵。盘木朽株，为万乘用者，左右为之容耳④。王者取士，宜拔众之所贵⑤。臣以斗筲之姿，趋走日月之侧⑥。思立微节，不敢苟私乡曲。窃感禽息，亡身进贤⑦。尝竟不见用。年七十，卒于家。

---

①能干绝群：才能出类拔萃。　②实羽翮之美用，非徒腹背之毛也：《说苑》记载，赵简子在西河游乐，尝叹息说："我怎样才能得到贤士与我一同游乐呢？"舟人古桑说："那是因为你不喜欢贤士。"赵简子说："我门下食客千人，怎能说我不喜欢贤士呢？"古桑说："鸿鹄高飞远翔，所依靠的是一对翅膀，至于背上的和腹部的毛羽，没有什么作用。你门下的一千个食客，是双翅呢，还是腹背的毛羽？"　③桑榆行尽：比喻人到暮年。　④盘木朽株，为万乘用者，左右为之容耳：《汉书·邹阳传》记载，邹阳上书说："盘根错节或腐朽的木头，之所以能够做成皇上您坐的马车，是因为工匠们首先认可了这些木料。　⑤宜拔众之所贵：宜选用众人一致赞同的人。　⑥斗筲：识见浅陋，容貌猥琐，此杨乔之谦辞。日月之侧：喻人君。　⑦窃感禽息，亡身进贤：《韩诗外传》记载，秦大夫禽息向秦穆公荐举百里奚，不纳。禽息以头叩地，头破至脑浆流出，说："臣生无补于国，不如死也。"穆公感之，遂用百里奚，秦国大治。

蔡伦传

蔡伦字敬仲，桂阳①人也。以永平末始给事宫掖，建初中，为小黄门②。及和帝即位，转中常侍，豫参帷幄。

伦有才学，尽心敦慎，数犯严颜，匡弼得失。每至休沐，辄闭门绝宾，暴体田野。后加位尚方令。永元九年，监作秘剑及诸器械，莫不精工坚密，为后世法。

自古书契多编以竹简，其用缣帛者谓之为纸。缣贵而简重，并不便于人。伦乃造意，用树肤、麻头及敝布、鱼网以为纸。元兴元年奏上之，帝善其能，自是莫不从用焉，故天下咸称"蔡侯纸"。

①桂阳：古桂阳郡，今湖南郴州，治郴县。 ②小黄门：《后汉书·百官志》记载，小黄门属少府，由宦者担任，侍从皇帝左右，受尚书事。上在内宫，关通中外，及宫中已下众事。诸公主及王太妃有疾，则使问之。

yuán chū yuán nián　dèng tài hòu yǐ lún jiǔ sù wèi　fēng wéi lóng tíng hóu　yì sān bǎi

元初元年，邓太后以伦久宿卫，封为龙亭侯，邑三百

hù　hòu wéi cháng lè tài pú　sì nián　dì yǐ jīng zhuàn zhī wén duō bù zhèng dìng

户。后为长乐太仆①。四年，帝以经传之文多不正定，

nǎi xuǎn tōng rú yè zhě liú zhēn jí bó shì liáng shǐ yì dōng guàn　gè chóu xiào jiā fǎ　lìng

乃选通儒谒者刘珍及博士良史诣东观，各雠校家法，令

lún jiān diǎn qí shì

伦监典其事。

lún chū shòu dòu hòu fěng zhǐ　wū xiàn ān dì zǔ mǔ sòng guì rén　jí tài hòu bēng

伦初受窦后讽旨，诬陷安帝祖母宋贵人。及太后崩，

ān dì shǐ qīn wàn jī　chì shǐ zì zhì tíng wèi　lún chǐ shòu rǔ　nǎi mù yù zhěng yī

安帝始亲万机，敕使自致廷尉。伦耻受辱，乃沐浴整衣

guān　yǐn yào ér sǐ　guó chú

冠，饮药而死。国除。

---

①长乐太仆：长乐宫的太仆，太仆掌管君主的车马。

biān ràng zhuàn

边让字文礼，陈留浚仪人也。少辩博，能属文。作

《章华赋》，虽多淫丽之辞，而终之以正，亦如相如之讽

也。其辞曰：

楚灵王既游云梦之泽，息于荆台之上。前方淮之

水，左洞庭之波，右顾彭蠡①之隩，南眺巫山之阿。延目广

望，骋观终日。顾谓左史倚相②曰："盛哉斯乐，可以遗

老而忘死也！"于是遂作章华之台，筑乾谿之室，穷木土

之技，单③珍府之实，举国营之，数年乃成。设长夜之淫

宴，作北里之新声④。于是伍举⑤知夫陈、蔡之将生谋也。

---

①彭蠡：今鄱阳湖。②倚相：楚灵王史官，博学多闻，能读《三坟》、《五典》、《八索》、《九丘》，见《左传·昭公十二年》。③单：通"殚"，耗尽。④设长夜之淫宴，作北里之新声：《史记·殷本纪》记载，商纣王使师涓作新淫声，北里之舞，靡靡之乐。以酒为池，悬肉为林，使男女裸相逐其间，为长夜之饮。⑤伍举：楚大臣，其子伍奢被费无极谗害致死，伍奢之子伍子胥奔吴，后伍子胥率吴兵攻入楚都，为父报仇。

边让传

后汉书诵读本

130

nǎi zuò sī fù yǐ fěng zhī
乃作斯赋以讽之：

zhòu gāo yáng zhī miáo yìn xī chéng shèng zǔ zhī hóng zé jiàn liè fān yú nán chǔ xī
胄高阳之苗胤兮①，承圣祖之洪泽。建列藩于南楚兮，

děng wēi líng yú èr bà chāo yǒu shāng zhī dà péng xī yuè lóng zhōu zhī liǎng guó dá huáng
等威灵于二伯②。超有商之大彭兮，越隆周之两虢③。达皇

zuǒ zhī gāo xūn xī chí rén shēng zhī xiǎn hè huì fēng chūn shī shén wǔ diàn duàn huá xià sù
佐之高勋兮，驰仁声之显赫。惠风春施，神武电断，华夏肃

qīng wǔ fú yōu luàn dàn chuí jīng yú wàn jī xī xī huí niǎn yú mén guǎn shè cháng yè zhī
清，五服攸乱④。旦垂精于万机兮，夕回辇于门馆。设长夜之

huān yǐn xī zhǎn zhōng qíng zhī yàn wǎn jié sì hǎi zhī miào zhēn xī jìn shēng rén zhī mì wán
欢饮兮，展中情之嬿婉。竭四海之妙珍兮，尽生人之秘玩。

ěr nǎi xié yǎo tiǎo cóng hǎo qiú jìng ròu lín dēng zāo qiū lán yáo shān sǒng jiāo
尔乃携窈窕，从好仇，径肉林，登糟丘，兰肴山竦，椒

jiǔ yuān liú jī xuán lǐ yú qīng chí xī mǐ wēi fēng ér xíng zhōu dēng yáo tái yǐ huí
酒渊流⑤。激玄醴于清池兮，靡微风而行舟。登瑶台以回

wàng xī jì mí rì ér xiāo yōu yú shì zhāo fú fēi mìng xiāng é qí chàng liè zhèng
望兮，冀弥日而消忧。于是招宓妃，命湘娥，齐倡列，郑

nǚ luó yáng jī chǔ zhī qīng gōng xī zhǎn xīn shēng ér cháng gē fán shǒu chāo yú
女罗⑥。扬《激楚》之清宫兮，展新声而长歌。繁手超于

běi lǐ miào wǔ lì yú yáng ē jīn shí lèi jù sī zhú qún fēn bèi qīng
北里⑦，妙舞丽于《阳阿》。金石类聚，丝竹群分。被轻

---

①胄高阳之苗胤兮：楚国是高阳帝颛顼的后代。胄，后代子孙。　②等威灵于二伯：与齐桓公、晋文公二位霸主争强。伯，通"霸"，诸侯的盟主。　③超有商之大彭兮，越隆周之两虢：《国语》曰："商伯大彭、豕韦。"《左传》曰："虢仲、虢叔，王季之穆也。"意为大彭是商室宗亲，虢仲、虢叔是周室宗亲，我们楚国也是王室宗亲，比他们的关系更亲近。　④五服攸乱：五服之内得到治理。五服，天子之国土依距离京畿远近分为五服，即甸、侯、绥、要、荒。乱，治理。　⑤窈窕：闲雅之女。好仇：艳丽的配偶。仇，匹配。椒酒：美酒。　⑥宓妃：洛水女神。湘娥：舜之二妃娥皇和女英，舜南巡，死于九嶷山，二妃忧伤，以泪洗面，后投湘水而死，是为湘水女神。齐倡：齐国的歌女。郑女：郑国的舞女。　⑦繁手超于北里：繁手弹奏的淫声超过了北里之新声。繁手，弹奏琵琶的一种手法。

袿①,曳华文,罗衣飘飖,组绮缤纷。纵轻躯以迅赴②,若孤鹄之失群;振华袂以逶迤,若游龙之登云。于是欢嬿既洽,长夜向半,琴瑟易调③,繁手改弹,清声发而响激,微音逝而流散。振弱支而纤绕兮,若绿繁之垂干,忽飘飖以轻逝兮,似鸾飞于天汉。舞无常态,鼓无定节,寻声响应,修短靡跌④。长袖奋而生风,清气激而绕结。尔乃妍媚递进,巧弄相加,俯仰异容,忽兮神化。体迅轻鸿,荣曜春华,进如浮云,退如激波⑤。虽复柳惠⑥,能不咨嗟!于是天河既回,淫乐未终,清籥发征,《激楚》扬风。于是音气发于丝竹兮,飞响轶于云中。比目⑦应节而双跃兮,孤雌感声而鸣雄。美繁手之轻妙兮,嘉新声之弥隆。于是众变已尽,群乐既考。归乎生风之广厦兮,修黄轩之要道。

---

①袿:古代妇女穿的纱裙。 ②迅赴:迅急地奔跑。 ③易调:改变曲调。 ④修短靡跌:长声短调相和,没有出现差错。 ⑤体迅轻鸿:身体轻妙,超过飞鸿。荣曜春华:面容娇鲜,赛过春花。华,通"花"。 ⑥柳惠:柳下惠,古之君子,不近女色,能坐怀不乱。 ⑦比目:比目鱼,双双而行。

携西子之弱腕兮，援毛嫱之素肘①。形便娟以婵媛兮，若流

风之靡草②。美仪操之姣丽兮，忽遗生而忘老。

　　尔乃清夜晨，妙技单③，收尊俎，彻鼓盘。惘焉若

醒④，抚剑而叹。虑理国之须才，悟稼穑之艰难。美吕尚

之佐周，善管仲之辅桓。将超世而作理，焉沉湎于此

欢！于是罢女乐，堕瑶台。思夏禹之卑宫，慕有虞之土

阶⑤。举英奇于仄陋，拔髦秀于蓬莱⑥。君明哲以知人，官

随任而处能。百揆时叙，庶绩咸熙。诸侯慕义，不召同

期。继高阳之绝轨，崇成、庄之洪基。虽齐桓之一

匡，岂足方于大持？尔乃育之以仁，临之以明。致虔报于

鬼神，尽肃恭乎上京。驰淳化于黎元，永历世而太平。

　　大将军何进闻让才名，欲辟命之，恐不至，诡以军事

---

①西子：西施。毛嫱：《庄子》曰："毛嫱丽姬，人之美者。" ②若流风之靡草：风吹草倾倒之貌。 ③单：尽也。
④醒：醉酒。 ⑤有虞之土阶：《墨子》曰："虞舜土阶三尺，茅茨不剪。"意为宫殿简陋。 ⑥举英奇于仄陋，拔髦秀于蓬
莱：提拔俊贤于草野之中。

征召。既到，署令史，进以礼见之。让善占射①，能辞对，

时宾客满堂，莫不美其风。府掾孔融、王朗并修刺候焉。

议郎蔡邕深敬之，以为让宜处高任，乃荐于何进曰："伏

惟幕府初开，博选清英，华发旧德，并为元龟②。虽振鹭之集

西雍，济济之在周庭③，无以或加。窃见令史陈留边让，天授

逸才，聪明贤智。髫龀孤，不尽家训。及就学庐，便受大

典，初涉诸经，见本知义，授者不能对其问，章句不能逮其意。

心通性达，口辩辞长。非礼不动，非法不言。若处狐疑之论，

定嫌审之分，经典交至，捡括参合，众夫寂焉，莫之能夺也。

使让生在唐、虞，则元、凯之次，运值仲尼，则颜、冉之亚，岂徒

俗之凡偶近器而已者哉④！阶级名位，亦宜超然，若复随辈

---

①占射：占卜与射覆。 ②华发旧德，并为元龟：聘请博学多识、道德高尚的老人，以备顾问，以知兴衰和吉凶。元龟，知吉凶者也。 ③振鹭之集西雍，济济之在周庭：《韩诗》说："振鹭于飞，于彼西雍。"薛君《章句》曰："鹭，洁白之鸟也。西雍，文王辟雍也。言文王之时，辟雍学士皆洁白之人也。"又说"济济多士，文王以宁"。 ④使让生在唐、虞，则元、凯之次：《左传·文公十八年》记载，高阳氏有才子八人，苍舒、隤(tuí)敳(ái)、梼(táo)戭(yǎn)、大临、尨(máng)降、庭坚、仲容、叔达、齐、圣、广、渊、明、允、笃、诚，天下之民谓之八恺。高辛氏有才子八人，伯奋、仲堪、叔献、季仲、伯虎、仲熊、叔豹、季狸，忠、肃、共、懿、宣、慈、惠、和，天下之民谓之八元。在唐尧时代，舜为尧臣，举用八恺八元，天下大治。意为假如边让生在尧舜时代，那么他就可以挤入八恺八元之列。凯，同"恺"。运值仲尼，则颜、冉之亚：《论语》有孔门四科，德行排在第一，以颜渊、闵子骞、冉伯牛、仲弓为代表。意为若边让生在孔子时代，其德行仅次于颜渊、冉伯牛等人。

而进，非所以章瑰伟之高价，昭知人之绝明也。传曰：

'函牛之鼎以亨鸡，多汁则淡而不可食，少汁则熬而不可

熟①。'此言大器之于小用，固有所不宜也。邕窃悁邑②，怪

此宝鼎未受牺牛大羹之和，久在煎熬脔割③之间，愿明将

军回谋垂虑，裁加少纳，贡之机密，展之力用。若以年齿

为嫌，则颜回不得贯德行之首，子奇终无理阿之功④。苟

堪其事，古今一也。"

让后以高才擢进，屡迁，出为九江太守，不以为能也。

初平中，王室大乱，让去官还家。恃才气，不屈曹

操，多轻侮之言。建安中，其乡人有构让于操，操告郡就

杀之。文多遗失。

---

①函牛之鼎：能烹煮一条牛的大鼎。亨：同"烹"。 ②悁邑：忧愤。 ③脔割：切成小块的肉。 ④子奇终无理阿之功：刘向《说苑》说："子奇年十八为阿宰，有善绩。"阿宰，阿县的县令。

边让传

后汉书诵读本

135

严光传

严光字子陵，一名遵，会稽余姚人也。少有高名，与光武同游学。及光武即位，乃变名姓，隐身不见。帝思其贤，乃令以物色访之①。后齐国上言："有一男子，披羊裘钓泽中。"帝疑其光，乃备安车玄纁②，遣使聘之。三反而后至。舍于北军，给床褥，太官朝夕进膳。

司徒侯霸与光素旧，遣使奉书。使人因谓光曰："公闻先生至，区区欲即诣造，迫于典司，是以不获。愿因日暮，自屈语言③。"光不答，乃投札与之，口授曰："君房足下：位至鼎足，甚善。怀仁辅义天下悦，阿谋顺旨要领绝④。"霸得书，封奏之。帝笑曰："狂奴故态也。"车驾即日

① 以物色访之：以其形貌求之。②玄纁：黑色的丝帛。③愿因日暮，自屈语言：时间将晚，委屈您一下，希望能写封回信。④要领绝：或被腰斩，或被砍头。要，同"腰"。领，脖子。

幸其馆。光卧不起，帝即其卧所，抚光腹曰："咄咄子陵，不可相助为理邪？"光又眠不应，良久，乃张目熟视，曰："昔唐尧著德，巢父洗耳①。士故有志，何至相迫乎！"帝曰："子陵，我竟不能下汝邪？"于是升舆叹息而去。

复引光入，论道旧故，相对累日。帝从容问光曰："朕何如昔时？"对曰："陛下差增于往。"②因共偃卧，光以足加帝腹上。明日，太史奏客星犯御坐甚急。帝笑曰："朕故人严子陵共卧耳。"

除为谏议大夫，不屈，乃耕于富春山，后人名其钓处为严陵濑③焉。建武十七年，复特征，不至。年八十，终于家。帝伤惜之，诏下郡县赐钱百万、谷千斛。

---

①巢父洗耳：尧欲让天下于巢父，巢父以其言污耳，乃临水洗之。　②陛下差增于往：比以往稍微强一点。
③濑：水边。

曹世叔妻传

扶风曹世叔妻者，同郡班彪之女也，名昭，字惠班，一名姬。博学高才。世叔早卒，有节行法度。兄固著《汉书》，其八表及《天文志》未及竟而卒，和帝诏昭就东观臧书阁踵而成之①。帝数召入宫，令皇后诸贵人师事焉，号曰大家。每有贡献异物，辄诏大家作赋颂。及邓太后临朝，与闻政事。以出入之勤，特封子成关内侯，官至齐相。时《汉书》始出，多未能通者，同郡马融伏于阁下，从昭受读，后又诏融兄续继昭成之。

永初中，太后兄大将军邓骘以母忧，上书乞身，太后不欲许，以问昭。昭因上疏曰："伏惟皇太后陛下，躬

---

①踵而成之：续写《汉书》未成部分，使之完整。

盛德之美，隆唐虞之政，辟四门而开四聪，采狂夫之瞽言，纳刍荛之谋虑①。妾昭得以愚朽，身当盛明，敢不披露肝胆，以效万一。妾闻谦让之风，德莫大焉，故典坟述美，神祇降福②。昔夷齐去国，天下服其廉高③；太伯违邠④，孔子称为三让。所以光昭令德，扬名于后者也。《论语》曰：'能以礼让为国，于从政乎何有。'⑤由是言之，推让之诚，其致远矣。今四舅⑥深执忠孝，引身自退，而以方垂未静，拒而不许；如后有毫毛⑦加于今日，诚恐推让之名不可再得。缘见逮及⑧，故敢昧死竭其愚情。自知言不足采，以示虫蚁之赤心。"太后从而许之。于是骘等各还里第焉。

---

①采狂夫之瞽言，纳刍荛之谋虑：赞邓太后善纳谏，能听取草野之民的建议。 ②典坟述美，神祇降福：《周易·谦》曰："鬼神害盈而福谦。"又曰："谦尊而光。"《左传》曰："谦让者，德之基也。" ③夷齐去国，天下服其廉高：《史记·伯夷列传》记载："伯夷、叔齐，孤竹君之二子也。父欲立叔齐，及父卒，叔齐让伯夷，伯夷曰：'父命也。'遂逃去。叔齐亦不肯立而逃之。国人立其中子。"故孟子曰："闻伯夷之风者，贪夫廉，懦夫有立志。" ④太伯违邠：《史记·周本纪》记载，古公亶父有长子叫太伯，次子叫虞仲，第三子叫季历，季历有子叫昌，昌有圣人的相貌，古公说："我世当有兴者，其在昌乎？"太伯、虞仲知道古公想把君位传给季历，以便再传给昌，于是相率逃走，隐于荆蛮之地，断发纹身。昌即后来的周文王。邠，又作"豳"，古公亶父建都之地，今陕西宝鸡咸阳之间。 ⑤能以礼让为国，于从政乎何有：能以礼让为国的人，从政后必能将国家治理得井井有条。 ⑥四舅：即邓骘、邓悝、邓弘和邓阊。 ⑦有毫毛：有纤微之过。 ⑧缘见逮及：因为您下令让我说说建议。

作《女诫》七篇，有助内训。其辞曰：

鄙人愚暗，受性不敏，蒙先君之余宠，赖母师①之典训。年十有四，执箕帚②于曹氏，于今四十余载矣。战战兢兢，常惧黜辱，以增父母之羞，以益中外之累。凤夜劬心③，勤不告劳，而今而后，乃知免耳。吾性疏顽，教道无素，恒恐子谷负辱清朝④。圣恩横加，猥赐金紫⑤，实非鄙人庶几所望也。男⑥能自谋矣；吾不复以为忧也。但伤诸女方当适人⑦，而不渐训诲，不闻妇礼，惧失容它门，取耻宗族。吾今疾在沉滞⑧，性命无常，念汝曹如此，每用惆怅。间作《女诫》七章，愿诸女各写一通，庶有补益，裨助汝身。去矣，其勖勉之⑨！

①母师：古时大家闺秀多有家庭女教师。　②执箕帚：意为执箕帚干下贱活，以事公婆。　③劬心：劳累身心。
④教道无素：平时没有得到很好地教导。素，平时。　恒恐子谷负辱清朝：常常怕子谷不胜任，辱没朝廷的清明。子谷，曹成，
字子谷，班昭之子，司徒掾举孝廉，为长垣县长。班昭为太后师，曹成被拜为中散大夫。《三辅决录》记载："齐相子谷，颇随
时俗。"言子谷平时的行为不是那么恭谨，故班昭忧之。　⑤金紫：《汉官仪》曰："二千石金印紫绶。"　⑥男：儿子们。
⑦适人：女子出嫁为"适人"。　⑧沉滞：久病不愈。　⑨去矣：从今往后。勖勉：勉励。

后汉书诵读本

卑弱第一：古者生女三日，卧之床下，弄之瓦砖①，而斋告焉。卧之床下，明其卑弱，主下人也。弄之瓦砖，明其习劳，主执勤也。斋告先君，明当主继祭祀也②。三者盖女人之常道，礼法之典教矣。谦让恭敬，先人后己，有善莫名，有恶莫辞，忍辱含垢，常若畏惧，是谓卑弱下人也。晚寝早作，勿惮夙夜，执务私事，不辞剧易，所作必成，手迹整理，是谓执勤也③。正色端操，以事夫主，清静自守，无好戏笑，絜齐酒食，以供祖宗，是谓继祭祀也。三者苟备，而患名称之不闻，黜辱之在身，未之见也。三者苟失之，何名称之可闻，黜辱之可远哉！

夫妇第二：夫妇之道，参配阴阳，通达神明，信天地之

① 卧之床下，弄之瓦砖：《诗经·小雅·斯干》："乃生女子，载寝之地，载衣之裼，载弄之瓦。"《毛传》曰："瓦，纺砖也。"郑玄《笺》云："卧之于地，卑之也。纺砖，习其所有事也。"纺砖，陶冶的纺锤，女子纺织之用。裼，婴儿的包被。
② 当主继祭祀：《诗经·召南·采蘋》："于以采蘋，南涧之滨。于以采藻，于彼行(háng)潦。于以盛之，维筐及筥。于以湘之，维锜及釜。于以奠之，宗室牖下。谁其尸之，有齐季女。"朱熹《诗集传》曰："蘋，水上浮萍也。滨，厓也。藻，聚藻也，生水底，茎如钗股，叶如蓬蒿。行潦，流潦也。方曰筐，圆曰筥。湘，煮也。锜，釜属，有足曰锜，无足曰釜。奠，置也。宗室，大宗之庙也。牖下，室西南隅。尸，主也。齐，敬貌。季，少也。祭祀之礼，主妇主荐豆，实以菹(zū)醢(hǎi)。少而能敬，尤见其质之美，而化之所从来远矣。"意为应当为贵族宗妇，献上俎豆与菹醢，主持祭祀。 ③ 作：起床。剧：难。

141

弘义，人伦之大节也。是以《礼》贵男女之际，《诗》著《关雎》之义①。由斯言之，不可不重也。夫不贤，则无以御妇；妇不贤，则无以事夫。夫不御妇，则威仪废缺；妇不事夫，则义理堕阙。方斯二事，其用一也。察今之君子，徒知妻妇之不可不御，威仪之不可不整，故训其男，检以书传，殊不知夫主之不可不事，礼义之不可不存也。但教男而不教女，不亦蔽于彼此之数乎！《礼》，八岁始教之书，十五而至于学矣。独不可依此以为则哉！

敬慎第三：阴阳殊性，男女异行。阳以刚为德，阴以柔为用，男以强为贵，女以弱为美。故鄙谚有云："生男如狼，犹恐其尪②；生女如鼠，犹恐其虎③。"然则修身莫若敬，避强莫若顺。故曰敬顺之道，妇人之大礼也。夫敬非它，持久之谓也。夫顺非它，宽裕之谓也。持久者，知止足

---

①《关雎》之义：《诗经·周南·关雎》言乐得恬静娴雅之女，以配君子。 ②尪：曲背。 ③虎：脸色陡变而露出凶恶的表情。

也。宽裕者，尚恭下也。夫妇之好，终身不离。房室周旋，遂生媟黩①。媟黩既生，语言过矣。语言既过，纵恣必作。纵恣既作，则侮夫之心生矣。此由于不知止足者也。夫事有曲直，言有是非。直者不能不争，曲者不能不讼。讼争既施，则有忿怒之事矣。此由于不尚恭下者也。侮夫不节，谴呵从之；忿怒不止，楚挞从之。夫为夫妇者，义以和亲，恩以好合，楚挞既行，何义之存？谴呵既宣，何恩之有？恩义俱废，夫妇离矣。

妇行第四：女有四行，一曰妇德，二曰妇言，三曰妇容，四曰妇功。夫云妇德，不必才明绝异也；妇言，不必辩口利辞也；妇容，不必颜色美丽也；妇功，不必工巧过人也。

清闲贞静，守节整齐，行己有耻，动静有法，是谓妇德。择辞而说，不道恶语，时然后言，不厌于人，是谓妇言。盥

---

①媟黩：过于亲昵而言语轻慢不敬。

后汉书诵读本

浣尘秽，服饰鲜絜，沐浴以时，身不垢辱，是谓妇容。专心纺绩，不好戏笑，絜齐酒食，以奉宾客，是谓妇功。此四者，女人之大德，而不可乏之者也。然为之甚易，唯在存心耳。古人有言："仁远乎哉？我欲仁，而仁斯至矣。"此之谓也。

专心第五：《礼》，夫有再娶之义，妇无二适之文，故曰夫者天也。天固不可逃，夫固不可离也。行违神祇①，天则罚之；礼义有愆，夫则薄之。故《女宪》曰："得意一人，是谓永毕②；失意一人，是谓永讫③。"由斯言之，夫不可不求其心。然所求者，亦非谓佞媚苟亲也，固莫若专心正色。礼义居洁，耳无途听，目无邪视，出无冶容，入无废饰，无聚会群辈，无看视门户，此则谓专心正色矣。若夫动静轻脱，视听陕输④，入则乱发坏形，出则窈窕作态，说所不当道，

---

①神祇：神灵。　②毕：有一个完整的结局。　③讫：穷尽。　④陕输：不定貌。陕，同"狭"。

144

guān suǒ bù dāng shì　cǐ wèi bù néng zhuān xīn zhèng sè yǐ
观所不当视，此谓不能 专心正色矣。

qū cóng dì liù　fú dé yì yī rén　shì wèi yǒng bì　shī yì yī rén　shì wèi yǒng
曲从第六：夫得意一人，是谓永毕；失意一人，是谓永

qì　yù rén dìng zhì zhuān xīn zhī yán yě　jiù gū zhī xīn　qǐ dāng kě shī zāi　wù
讫。欲人定志专心之言也。舅姑①之心，岂当可失哉？物

yǒu yǐ ēn zì lí zhě　yì yǒu yǐ yì zì pò zhě yě　fū suī yún ài　jiù gū yún fēi
有以恩自离者，亦有以义自破者也。夫虽云爱，舅姑云非，

cǐ suǒ wèi yǐ yì zì pò zhě yě　rán zé jiù gū zhī xīn nài hé　gù mò shàng yú qū
此所谓以义自破者也。然则舅姑之心奈何？固莫尚于曲

cóng yǐ　gū yún bù ěr ér shì　gù yí cóng lìng　gū yún ěr ér fēi　yóu yí shùn mìng
从矣。姑云不尔而是，固宜从令；姑云尔而非，犹宜顺 命。

wù dé wéi lì shì fēi　zhēng fēn qū zhí　cǐ zé suǒ wèi qū cóng yǐ　gù nǚ xiàn yuē
勿得违戾是非，争分曲直。此则所谓曲从矣。故女宪曰：

fù rú yǐng xiǎng　yān bù kě shǎng
"妇如影 响，焉不可赏。"

hé shū mèi dì qī　fù rén zhī dé yì yú fū zhǔ　yóu jiù gū zhī ài jǐ yě　jiù
和叔妹第七：妇人之得意于夫主，由舅姑之爱已也；舅

gū zhī ài jǐ　yóu shū mèi zhī yù jǐ yě　yóu cǐ yán zhī　wǒ zāng pǐ yù huǐ　yī yóu
姑之爱已，由叔妹之誉已也。由此言之，我臧否誉毁，一由

shū mèi　shū mèi zhī xīn　fù bù kě shī yě　jiē mò zhī shū mèi zhī bù kě shī　ér bù
叔妹，叔妹之心，复不可失也。皆莫知叔妹之不可失，而不

néng hé zhī yǐ qiú qīn　qí bì yě zāi　zì fēi shèng rén　xiǎn néng wú guò　gù yán zǐ
能和之以求亲，其蔽也哉！自非圣人，鲜能无过。故颜子

guì yú néng gǎi　zhòng ní jiā qí bù èr　ér kuàng fù rén zhě yě　suī yǐ xián nǚ zhī
贵于能改，仲尼嘉其不贰②，而况妇人者也！虽以贤女之

---

①舅姑：公婆。 ②颜子贵于能改，仲尼嘉其不贰：孔子曰："颜回不贰过。"《易》曰："颜氏之子，其殆庶几乎！有不
善未尝不知，知之未尝复行也。"

后汉书诵读本

行，聪哲之性，其能备乎！是故室人和则谤掩，外内离则恶扬。此必然之势也。《易》曰："二人同心，其利断金。同心之言，其臭①如兰。"此之谓也。夫嫂妹者，体敌而尊，恩疏而义亲。若淑媛谦顺之人，则能依义以笃好，崇恩以结援，使徽美显章，而瑕过隐塞，舅姑矜善，而夫主嘉美，声誉曜于邑邻，休光延于父母。若夫蠢愚②之人，于嫂则托名以自高，于妹则因宠以骄盈。骄盈既施，何和之有！恩义既乖，何誉之臻！是以美隐而过宣，姑忿而夫愠，毁訾布于中外，耻辱集于厥身，进增父母之羞，退益君子③之累。斯乃荣辱之本，而显否④之基也。可不慎哉！然则求叔妹之心，固莫尚于谦顺矣。谦则德之柄，顺则妇之行。凡斯二者，足以和矣。诗云："在彼无恶，在此无射⑤。"其斯之谓也。

①臭：气味。　②蠢愚：愚蠢。　③君子：丈夫。　④显否：高贵和低劣。　⑤射：厌也。

mǎ róng shàn zhī   lìng qī nǚ xí yān
马融 善之,令妻女习焉。

zhāo nǚ mèi   cáo fēng shēng   yì yǒu cái huì   wéi shū yǐ nàn zhī   cí yǒu kě guān
昭女妹①曹丰 生,亦有才惠,为书以难之,辞有可观。

zhāo nián qī shí yú zú   huáng tài hòu sù fú jǔ āi   shǐ zhě jiān hù sāng shì   suǒ
昭 年七十余卒,皇 太后素服举哀,使者监护丧事。所

zhù fù   sòng míng lěi   wèn zhù   āi cí   shū   lùn   shàng shū   yí lìng   fán shí liù
著赋、颂、铭、诔、问、注、哀辞、书、论、上 疏、遗令,凡十六

piān   zǐ fù dīng shì wèi zhuàn jí zhī   yòu zuò   dà gū zàn   yān
篇。子妇丁氏为 撰 集之,又作《大家赞》焉。

---

①女妹:夫之妹。

乐羊子妻传

河南乐羊子之妻者，不知何氏之女也。羊子尝行路，得遗金一饼，还以与妻。妻曰："妾闻志士不饮盗泉之水①，廉者不受嗟来之食，况拾遗求利，以污其行乎！"羊子大惭，乃捐金于野，而远寻师学。一年来归，妻跪问其故。羊子曰："久行怀思，无它异也。"妻乃引刀趋机而言曰："此织生自蚕茧，成于机杼，一丝而累，以至于寸，累寸不已，遂成丈匹。今若断斯织也，则捐失②成功，稽废时月。夫子积学，当日知其所亡③，以就懿德。若中道而归，何异断斯织乎？"羊子感其言，复还终业，遂七年不反。

妻常躬勤养姑，又远馈羊子。

①志士不饮盗泉之水：《论语·撰考谶》曰："水名盗泉，仲尼不漱。" ②捐失：舍弃。 ③亡：无。

cháng yǒu tā shè jī miù rù yuán zhōng gū dào shā ér shí zhī qī duì jī bù cān
尝有它舍鸡谬入园中，姑盗杀而食之，妻对鸡不餐

ér qì gū guài wèn qí gù qī yuē zì shāng jū pín shǐ shí yǒu tā ròu gū
而泣。姑怪问其故。妻曰："自伤居贫，使食有它肉。"①姑

jìng qì zhī
竟弃之。

hòu dào yù yǒu fàn qī zhě nǎi xiān jié qí gū qī wén cāo dāo ér chū dào
后盗欲有犯妻者，乃先劫其姑。妻闻，操刀而出。盗

rén yuē shì rǔ dāo cóng wǒ zhě kě quán bù cóng wǒ zhě zé shā rǔ gū qī yǎng tiān
人曰："释汝刀从我者可全，不从我者，则杀汝姑。"妻仰天

ér tàn jǔ dāo wěn jǐng ér sǐ dào yì bù shā qí gū tài shǒu wén zhī jí bǔ shā
而叹，举刀刎颈而死。盗亦不杀其姑。太守闻之，即捕杀

zéi dào ér cì qī jiān bó yǐ lǐ zàng zhī hào yuē zhēn yì
贼盗，而赐妻缣帛，以礼葬之，号曰"贞义"。

---

①自伤居贫，使食有它肉：怨恨自己不会操持家务，使家贫困，以至于杀别人的鸡吃。

孝女曹娥传

孝女曹娥者,会稽上虞人也。父盱,能弦歌,为巫祝。

汉安①二年五月五日,于县江溯涛婆娑迎神②,溺死,不得

尸骸。娥年十四,乃沿江号哭,昼夜不绝声,旬有七日,遂

投江而死。至元嘉元年,县长度尚改葬娥于江南道

傍,为立碑焉。

---

①汉安:汉顺帝年号。 ②溯涛:溯江涛而上。婆娑:巫觋(xí)的舞姿。